Oratória: fundamentos para o discurso persuasivo

Oratória: fundamentos para o discurso persuasivo

Karla Kariny Knihs

Rua Clara Vendramin, 58
Mossunguê . CEP 81200-170
Curitiba . PR . Brasil
Fone: (41) 2106-4170
www.intersaberes.com
editora@intersaberes.com

- Conselho Editorial
Dr. Alexandre Coutinho Pagliarini
Dr.ª Elena Godoy
Dr. Neri dos Santos
M.ª Maria Lúcia Prado Sabatella

- Editora-chefe
Lindsay Azambuja

- Gerente editorial
Ariadne Nunes Wenger

- Assistente editorial
Daniela Viroli Pereira Pinto

- Preparação de originais
Palavra Arteira Edição
e Revisão de Textos

- Edição de texto
Camila Rosa
Palavra do Editor

- Projeto gráfico
Raphael Bernadelli

- Capa
Silvio Gabriel Spannenberg (*design*)
Golubovy/Shutterstock (imagem)

- Diagramação
Regiane Rosa

- Equipe de *design*
Charles L. da Silva

- Iconografia
Regina Claudia Cruz Prestes
Sandra Lopis da Silveira

Dados Internacionais de Catalogação na Publicação (CIP)
(Câmara Brasileira do Livro, SP, Brasil)

Knihs, Karla Kariny
  Oratória : fundamentos para o discurso persuasivo /
Karla Kariny Knihs. -- Curitiba, PR : InterSaberes, 2024.

  Bibliografia.
  ISBN 978-85-227-0859-8

  1. Fala em público 2. Oratória I. Título.

23-177155   CDD-808.51

Índice para catálogo sistemático:
1. Oratória : Retórica   808.51

Cibele Maria Dias – Bibliotecária – CRB-8/9427

1ª edição, 2024.
Foi feito o depósito legal.

Informamos que é de inteira responsabilidade da autora a emissão de conceitos.

Nenhuma parte desta publicação poderá ser reproduzida por qualquer meio ou forma sem a prévia autorização da Editora InterSaberes.

A violação dos direitos autorais é crime estabelecido na Lei n. 9.610/1998 e punido pelo art. 184 do Código Penal.

agradecimentos 11

apresentação 13

como aproveitar ao máximo este livro 17

Capítulo 1 Conceitos fundamentais
da oratória - 21

1.1 O poder da linguagem
e a comunicação humana - 23

1.2 A forma e o conteúdo da mensagem - 27

1.3 Conceitos fundamentais: retórica, oratória
e eloquência - 30

1.4 A importância da persuasão - 32

1.5 O orador e seu ofício - 34

Capítulo 2 | **Breve histórico da oratória e da retórica - 41**

2.1 Retórica e oratória na Grécia Antiga - 42

2.2 Retórica e oratória na Roma Antiga - 46

2.3 Retórica e oratória no período medieval - 51

2.4 Retórica e oratória na Era Moderna - 57

2.5 Retórica e oratória na contemporaneidade - 59

2.6 Oratória nos dias de hoje - 65

Capítulo 3 | **Texto, redação e competências linguísticas - 71**

3.1 Tipos de textos - 74

3.2 Ordem das ideias - 84

3.3 Criação de um projeto de texto - 92

3.4 Coerência - 98

3.5 Coesão - 100

3.6 Construção do parágrafo - 103

Capítulo 4 | **Roteiro de fala e organização do discurso - 111**

4.1 Planejamento do roteiro de fala - 112

4.2 Roteiro de fala: identificação do objetivo geral - 116

4.3 Roteiro de fala: identificação dos objetivos específicos - 117

4.4 Roteiro de fala e planejamento do discurso - 118

4.5 Organização do discurso - 125

Capítulo 5 Argumentação
e contra-argumentação - 139

5.1 Argumentação - 141

5.2 Espécies de argumentos - 146

5.3 Contra-argumentação - 159

5.4 Falácias - 164

Capítulo 6 Atributos do orador - 171

6.1 Medo e nervosismo ao falar em público - 173

6.2 Fala - 177

6.3 Expressão corporal e aparência - 183

6.4 Personalidade do orador - 187

6.5 Identificação do público - 188

6.6 Como melhorar a oratória - 190

Capítulo 7 Oratória na resolução de
conflitos - 197

7.1 Contribuições da oratória para
a resolução de conflitos - 198

7.2 Comunicação construtiva - 201

considerações finais 217

referências 221

respostas 223

sobre a autora 229

Para Sofia, Ana e Israel, que me fazem caminhar nesta terra com os olhos na eternidade. Ao Jefferson, juntos até o céu.

Agradeço primeiramente à professora Daniele Assad, pelo convite para escrever esta obra.

Agradeço a todos da Escola Superior de Gestão Pública, Política, Jurídica e de Segurança do Centro Universitário Internacional (Uninter), na pessoa da diretora Débora Veneral, que reuniu em um grupo de trabalho algumas das pessoas mais incríveis com as quais já tive a oportunidade de conviver.

Agradeço a todos os meus ex-alunos que não se deixaram vencer pelas dificuldades e que assumiram a responsabilidade sobre a própria vida, enfrentando seus medos, identificando suas deficiências e corrigindo-se a si mesmos, sem vitimismo, na busca da vitória.

Por fim, agradeço aos meus amigos Andrea Arruda Vaz, Ana Renata Machado e Fábio Teixeira, pelo companheirismo de anos e por estarem ao meu lado, deixando o dia a dia da docência e da advocacia mais leve.

agradecimentos

.

A presente obra nasce da junção de teoria e prática dos anos de trabalho como professora universitária e como advogada. Diariamente, sentavam-se à minha frente pessoas que precisavam transmitir uma história – seus problemas – e que tentavam, cada uma à sua maneira, contar como os fatos tinham acontecido, a fim de se informarem sobre seus direitos. Porém, as pessoas não se limitavam a relatar uma história com começo, meio e fim – e, de fato, a maior parte não o fazia de maneira organizada. Elas buscavam comunicar o que estavam sentindo. Os seres humanos passam pelos mesmos sentimentos, do ódio ao amor, da felicidade à tristeza, do nojo ao contentamento. Mas expressar o que sentem ainda é muito difícil para muitos.

Assim, não foram poucas as vezes em que tive contato, como advogada, com pessoas que não tinham outra necessidade que não a de se fazer ouvir, de expor suas angústias, de comunicar misérias, medos, anseios, desesperos. Muitas vezes, após mais de uma hora de conversa, essas pessoas não ficavam desapontadas em descobrir que não tinham direitos, desde que se levantassem da cadeira com a certeza de que haviam sido compreendidas.

Na universidade não era diferente. Ao orientar trabalhos de conclusão de curso de centenas de estudantes e participar de incontáveis bancas, pude acompanhar a trajetória de alunos com dificuldades em se expressar, tanto na fala quanto na escrita, e que conseguiram, com dedicação, treino e estudo, superar essa questão.

Observando esses públicos tão diversos, compreendi que a dificuldade de comunicação é um problema bastante sério no Brasil e que a solução está na conscientização de que cabe a cada um assumir as próprias fraquezas, identificar as lacunas em sua educação e trabalhar para saná-las.

Por isso, este livro, escrito em linguagem simples e acessível, foi pensado para todos aqueles que pretendem melhorar não apenas a oratória, mas também a capacidade de comunicação escrita ou falada. Para além disso, a intenção é fornecer ferramentas para que o leitor possa expor ideias com clareza, argumentar, contra-argumentar, evitar conflitos e, por fim, solucioná-los, quando necessário.

Para tanto, a obra está dividida em sete capítulos. No Capítulo 1, veremos os conceitos fundamentais da oratória, da retórica e da eloquência, bem como a importância da persuasão. No Capítulo 2, apresentaremos um breve panorama histórico acerca da oratória, da Grécia Antiga até os dias atuais. No Capítulo 3, examinaremos os tipos de textos, bem como técnicas de redação e de criação de projeto de texto. No Capítulo 4, trataremos da organização do discurso propriamente dito, com o planejamento do roteiro de fala. No Capítulo 5, daremos destaque ao saber argumentar e contra-argumentar adequadamente, com a utilização do raciocínio lógico e da inferência. No Capítulo 6, enfocaremos os atributos do orador, com a indicação de meios para melhorar a oratória. O Capítulo 7, último desta obra, resgatará o conhecimento dos capítulos anteriores para tratar da utilização da oratória na mediação de conflitos.

Esperamos que a leitura seja proveitosa e que estas lições sirvam tanto para melhorar a comunicação quanto para aumentar as chances de sucesso pessoal e profissional, visto que bons comunicadores conseguem melhores resultados ao evitar ou contornar problemas.

Boa leitura!

Empregamos nesta obra recursos que visam enriquecer seu aprendizado, facilitar a compreensão dos conteúdos e tornar a leitura mais dinâmica. Conheça a seguir cada uma dessas ferramentas e saiba como estão distribuídas no decorrer deste livro para bem aproveitá-las.

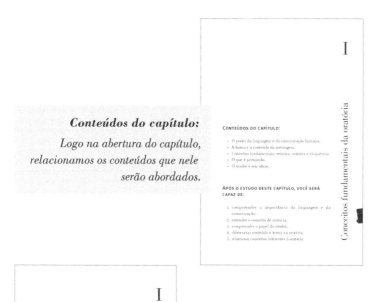

Conteúdos do capítulo:

Logo na abertura do capítulo, relacionamos os conteúdos que nele serão abordados.

Após o estudo deste capítulo, você será capaz de:

Antes de iniciarmos nossa abordagem, listamos as habilidades trabalhadas no capítulo e os conhecimentos que você assimilará no decorrer do texto.

como aproveitar ao máximo este livro

Para saber mais

Sugerimos a leitura de diferentes conteúdos digitais e impressos para que você aprofunde sua aprendizagem e siga buscando conhecimento.

- **Oprah Winfrey:** conhecida por seu programa de entrevistas na televisão, também é uma oradora motivacional proeminente, que se concentra no autoaperfeiçoamento e no empoderamento pessoal.

Esses estão entre muitos outros oradores famosos dos dias atuais, que inspiram pessoas em todo o mundo com suas palavras e seus discursos.

PARA SABER MAIS

Os bons oradores podem alcançar enorme visibilidade em plataformas como o YouTube. Nas TED Talks, podem ser vistas inúmeras palestras com especialistas do mundo inteiro, criadas pela organização sem fins lucrativos TED (Tecnologia, Entretenimento e Design) na década de 1980. As palestras são apresentadas por especialistas em várias áreas, como tecnologia, ciência, cultura, política, negócios, educação e entretenimento. Tornaram-se extremamente populares em todo o mundo, com muitas palestras alcançando milhões de visualizações.

As TED Talks têm como objetivo espalhar ideias que merecem ser compartilhadas e que podem inspirar pessoas em todo o mundo. As palestras são geralmente limitadas a 18 minutos e, muitas vezes, incluem imagens impressionantes, histórias pessoais, demonstrações de produtos ou ideias e outros elementos cativantes e envolventes.

As palestras podem ser vistas on-line, de forma gratuita e com legendas em mais de 100 idiomas.

TED: IDEAS WORTH SPREADING. Disponível em: <https://www.ted.com/>. Acesso em: 25 ago. 2023.

SÍNTESE

Neste primeiro capítulo, tratamos dos conceitos fundamentais da oratória. Vimos que, para comunicar, são necessários um emissor e um receptor da mensagem, uma mensagem clara, um canal de comunicação adequado e a utilização de um código ou língua.

Na sequência, passamos aos conceitos de retórica, oratória e eloquência. A retórica está intimamente ligada à oratória, tendo em vista que trata da persuasão por meio da linguagem escrita ou falada. A oratória, por sua vez, diz respeito à habilidade de falar bem em público. Ambas se utilizam de técnicas de persuasão e exigem a eloquência do escritor ou orador.

Para o orador, é importante ser convincente, tanto pela qual abordamos a persuasão. Persuadir é o processo de influenciar uma pessoa a adotar uma opinião, comportamento ou ação específica. Isso pode ser feito por meio de argumentos lógicos, emoções, dados ou prova científica. A persuasão pode ser utilizada em diversas áreas, como publicidade, política, educação, vendas, entre outras. O orador deve ser persuasivo para convencer a plateia. No decorrer da presente obra, veremos formas de argumentar para desenvolver as habilidades de persuasão.

Por fim, fizemos uma breve reflexão acerca do orador e de seu ofício, em especial sobre algumas das principais habilidades que o orador precisa desenvolver para alcançar sucesso em seus discursos.

Síntese

Ao final de cada capítulo, relacionamos as principais informações nele abordadas a fim de que você avalie as conclusões a que chegou, confirmando-as ou redefinindo-as.

Questões para revisão

Ao realizar estas atividades, você poderá rever os principais conceitos analisados. Ao final do livro, disponibilizamos as respostas às questões para a verificação de sua aprendizagem.

Questão para reflexão

Ao propormos estas questões, pretendemos estimular sua reflexão crítica sobre temas que ampliam a discussão dos conteúdos tratados no capítulo, contemplando ideias e experiências que podem ser compartilhadas com seus pares.

I

Conceitos fundamentais da oratória

CONTEÚDOS DO CAPÍTULO:

» O poder da linguagem e da comunicação humana.
» A forma e o conteúdo da mensagem.
» Conceitos fundamentais: retórica, oratória e eloquência.
» O que é persuasão.
» O orador e seu ofício.

APÓS O ESTUDO DESTE CAPÍTULO, VOCÊ SERÁ CAPAZ DE:

1. compreender a importância da linguagem e da comunicação;
2. entender o conceito de oratória;
3. compreender o papel do orador;
4. diferenciar conteúdo e forma na oratória;
5. relacionar conceitos referentes à oratória.

A oratória é o estudo da arte de falar em público e envolve diversos conceitos fundamentais para tornar um discurso mais eficiente e persuasivo. Assim, antes de adentrarmos no estudo das técnicas de oratória propriamente, veremos alguns dos principais conceitos necessários à compreensão dessa ciência e dessa arte.

Neste capítulo, daremos destaque ao poder da linguagem, uma vez que ela permite a comunicação e a transmissão de informações entre os seres humanos, constituindo-se em uma ferramenta poderosa para expressar ideias e pensamentos. Nessa esteira, examinaremos alguns conceitos ligados à oratória, como comunicação, mensagem, retórica e eloquência.

Voltaremos nossa atenção também à figura do orador e à importância de seu ofício. Veremos que o orador é capaz de utilizar a linguagem de forma persuasiva, para convencer outra pessoa a tomar alguma decisão ou realizar alguma ação.

Além desses pontos, trataremos de alguns aspectos inerentes à forma e ao conteúdo da mensagem. Analisaremos como a linguagem tem um efeito considerável na forma como as pessoas são percebidas pelos outros. A escolha das palavras, o tom de voz e até mesmo a linguagem corporal podem influenciar as relações interpessoais e estabelecer uma imagem de confiança e autoridade ou, pelo contrário, de fraqueza e falta de segurança.

Por fim, abordaremos o conceito de persuasão, que desempenha um papel fundamental na oratória, pois é a habilidade de influenciar e convencer o público por meio de argumentos convincentes e técnicas persuasivas.

1.1 O poder da linguagem e a comunicação humana

Ainda não há consenso acerca da origem da linguagem entre os especialistas em linguística e antropologia. Contudo, existem várias teorias sobre como a linguagem pode ter surgido.

A primeira das teorias mais aceitas, a teoria do latido, considera que a linguagem se desenvolveu gradualmente como uma forma de comunicação entre nossos antepassados primitivos. Isso envolveu o uso de gestos, sons e outras formas de expressão que eventualmente levaram ao desenvolvimento de línguas.

A segunda teoria mais aceita é a de que a linguagem evoluiu rapidamente em um determinado momento na história humana, possivelmente em virtude de alterações genéticas que concederam aos seres humanos a capacidade de aprender a linguagem. Essa segunda teoria é conhecida como *hipótese de genes da linguagem* e sugere que a capacidade de falar foi uma das principais razões pelas quais os humanos se tornaram a espécie dominante na Terra.

Independentemente de como a linguagem tenha surgido, é claro que ela se tornou essencial para a comunicação humana, permitindo que as pessoas transmitam ideias, emoções e informações complexas umas às outras. Aliás, um dos principais traços que distinguem o homem dos outros animais é sua capacidade de comunicação e narrativa. A palavra, a língua, a habilidade de transmitir conhecimento de maneira verbal ou escrita foram fundamentais para o desenvolvimento da humanidade. A partir do momento em que conseguimos armazenar e transmitir, por meio da linguagem, um número infinito de informações, passamos a ser capazes de criar tradições, repassar valores, educar, compreender a história, olhar para o passado e para o futuro de perspectivas diversas.

Nós, humanos, nascemos com um arcabouço infinito de possibilidades, e a linguagem, em grande medida, permite-nos amadurecer e compreender nossa própria natureza.

Nesse contexto, além da comunicação falada, precisamos olhar para a comunicação escrita e a leitura. Segundo o Indicador de Analfabetismo Funcional (Inaf, 2023), que acompanha os níveis de analfabetismo funcional no Brasil, 74% da população brasileira não é capaz de distinguir fato de opinião em um texto. Conforme destaca o professor Falcón (2017), quem não consegue distinguir fato de opinião em um texto também não consegue distinguir fato de opinião quando está ouvindo. Logo, as deficiências de linguagem não se refletem só na leitura; atingem também a comunicação diária.

Quando temos uma sociedade em que as pessoas não conseguem sequer dar nome ao que sentem, em que não conseguem contar uma história coesa e coerente, em que não sabem a diferença entre fato e opinião, os conflitos tendem a se intensificar, com a consequente piora das relações sociais.

Diante desse problema, o objetivo do orador deve ser desenvolver habilidades tais que ele consiga comunicar sua ideia da forma mais clara e objetiva possível. Por essa razão, antes de tratarmos dos conceitos relativos à oratória, temos de abordar a comunicação. A palavra *comunicação* vem do latim **communicare** e significa "partilhar", "participar de algo", "tornar comum".

Assim, comunicar é mais do que transmitir e receber informações escritas e faladas. Comunicar é interagir e estabelecer contato por meio de códigos, que podem ser verbais ou não verbais. De acordo com Wright (1968, p. 13),

Comunicação é o processo de transmitir ideias entre indivíduos. Para os seres humanos, o processo é não só fundamental como vital. É fundamental na medida em que toda sociedade humana – da primitiva à moderna – baseia-se na capacidade do homem de transmitir suas intenções, desejos, sentimentos, conhecimento e experiência, de pessoa para pessoa. É vital na medida em que a habilidade de comunicar-se aumenta as chances de sobrevivência do indivíduo, enquanto sua falta é geralmente considerada uma séria forma de patologia.

Para nos comunicarmos, deve haver um emissor, aquele que fala; um receptor, aquele que ouve; uma mensagem, o que se deseja transmitir; um canal, meio pelo qual a mensagem é transmitida; e um código, que é a própria língua.

Figura 1.1 – Processo de comunicação

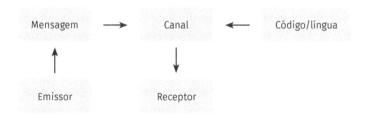

Logo, a boa comunicação precisa, em um primeiro momento, que os seguintes requisitos estejam presentes:

» emissor da mensagem;
» receptor da mensagem;
» mensagem clara;
» canal de comunicação adequado;
» código ou língua padrão.

Desse modo, podemos afirmar que a boa comunicação é um processo no qual uma mensagem é transmitida clara e efetivamente de uma pessoa para outra. Envolve tanto a habilidade de transmitir informações quanto a capacidade de ser um ouvinte ativo.

Além disso, a boa comunicação tem como pressupostos os itens expostos no quadro a seguir.

Quadro 1.1 – Pressupostos da boa comunicação

Pressuposto	Definição
Compreensão mútua	Quando as pessoas se comunicam bem, elas conseguem compreender ideias e informações umas das outras claramente.
Clareza	É fundamental para a boa comunicação. Mensagens expressas de forma clara e concisa são mais fáceis de entender e menos propensas a mal-entendidos.
Escuta ativa	As pessoas que praticam a boa comunicação são bons ouvintes. Concentram-se no que a outra pessoa está dizendo, fazem perguntas relevantes e mostram interesse no que está sendo transmitido.
Empatia	Esta é outra característica importante da boa comunicação. As pessoas que comunicam bem são capazes de colocar-se no lugar dos outros e compreender seus pontos de vista.
Abertura	A boa comunicação também envolve ser aberto e honesto. As pessoas devem ser capazes de expressar suas opiniões e sentimentos de forma clara e sem julgamentos.

Em suma, a boa comunicação é um processo que envolve a transmissão de informações de forma clara e eficaz, ao mesmo tempo que implica a preocupação com o outro e o esforço para compreendê-lo e ser compreendido.

1.2 A forma e o conteúdo da mensagem

A forma e o conteúdo da mensagem são aspectos essenciais na comunicação, sejam verbais, sejam não verbais. Ambos são importantes para que a mensagem seja clara e eficaz em sua transmissão.

A forma de uma mensagem se refere à maneira como a informação é transmitida, incluindo o tom de voz, a entonação, a postura, a linguagem corporal e a aparência. Também abrange o meio de comunicação – por exemplo, se a mensagem será falada, escrita ou transmitida por gestos. Ademais, pode ser responsável por acentuar ou minimizar a intenção ou o conteúdo daquilo que é dito.

1.2.1 Forma: tom de voz e entonação

O **tom de voz** na comunicação é extremamente importante, pois pode transmitir intenção e emoção por trás das palavras. Um tom de voz adequado ajuda a estabelecer uma conexão empática com a pessoa que está ouvindo, e um tom inadequado pode causar desconforto ou até mesmo ofender alguém.

O tom de voz deve ser escolhido de acordo com o contexto. Por exemplo, um tom mais formal é apropriado em um ambiente de trabalho, e um tom mais descontraído pode ser usado ao conversar com amigos.

A **entonação** também é importante, já que indica se uma frase é uma pergunta, uma afirmação ou uma ironia. A velocidade e o volume da fala igualmente podem transmitir informações relevantes.

1.2.2 Forma: postura e linguagem corporal

A **postura** é um aspecto relevante na transmissão da mensagem, pois pode ajudar a transmitir segurança e confiança durante a fala. Para manter a postura adequada, convém observar as orientações a seguir.

Orientações para uma postura adequada

1. Mantenha uma postura ereta e equilibrada, com os pés levemente afastados e os ombros relaxados. Evite ficar inclinado ou apoiando-se em uma perna.
2. Olhe para a plateia de forma natural, evitando fixar o olhar em uma única pessoa por muito tempo.
3. Use gestos naturais e relevantes ao que está sendo dito. Evite gesticular em excesso ou fazer movimentos repetitivos que possam distrair a atenção.
4. Ajuste sua postura à situação e ao ambiente. Em uma palestra formal, por exemplo, é apropriado manter uma postura mais séria e reservada; em uma conversa mais descontraída, é possível ser mais relaxado e informal.
5. Lembre-se de respirar fundo e pausadamente. Isso ajuda a regular o fluxo da fala e a manter a calma.

É essencial praticar e treinar a postura para que ela se torne natural e confortável. Uma boa postura pode ajudar a transmitir uma imagem confiante e segura e melhorar a comunicação com a plateia.

Além da postura, a **linguagem corporal** é extremamente importante na transmissão da mensagem, pois pode ajudar a reforçá-la, complementá-la e torná-la mais eficaz. Desse modo, expressões faciais, gestos, movimentos e a forma como nos posicionamos em uma sala podem afetar a maneira como a mensagem é recebida. Se a linguagem corporal estiver em desacordo com as palavras ditas, pode gerar confusão ou tornar a mensagem menos convincente.

Por outro lado, uma linguagem corporal adequada reforça a mensagem e a torna mais clara. Sorrisos, acenos de cabeça e gestos em sincronia com o que está sendo dito podem ajudar a transmitir entusiasmo e empatia, estabelecendo uma conexão mais forte com a audiência.

Ademais, a linguagem corporal auxilia no controle do ritmo da mensagem, ajudando a pausar em momentos importantes e a enfatizar discussões cruciais. Assim, é importante praticar e estar atento à postura, aos gestos e às expressões faciais ao se comunicar para garantir que a transmissão da mensagem seja bem-sucedida.

1.2.3 Forma: aparência

A **aparência** é outro fator importante na transmissão de uma mensagem, pois pode influenciar a forma como a mensagem é recebida pela audiência. Embora o conteúdo da mensagem seja fundamental, a aparência é um meio para reforçar a credibilidade e o profissionalismo, além de estabelecer confiança com a audiência.

A aparência também pode influenciar o nível de atenção que a mensagem recebe. Se for inadequada ou desleixada, pode resultar em uma distração desnecessária e prejudicar a transmissão da mensagem. Em contrapartida, se for adequada e apropriada ao contexto, pode ajudar a manter o foco na mensagem e a estabelecer uma imagem mais forte e profissional.

No entanto, a aparência não deve ser o único fator considerado na transmissão da mensagem. O conteúdo e a forma são essenciais para garantir que a mensagem seja bem-sucedida. Por isso, é preciso equilibrar a aparência com o conteúdo e buscar transmitir uma mensagem clara e eficaz.

1.2.4 Conteúdo

O conteúdo de uma mensagem refere-se ao que está sendo comunicado. Compreende ideias, fatos, emoções, opiniões, argumentos, histórias, entre outros elementos. É importante lembrar que o conteúdo deve ser claro e relevante para a audiência e que deve ser passado de maneira ordenada e de fácil entendimento.

A relação entre forma e conteúdo é fundamental para a comunicação efetiva. O conteúdo é o cerne da mensagem, mas a forma como a mensagem é transmitida pode ser igualmente importante para que seja bem recebida e entendida. A forma correta pode aumentar a credibilidade e a confiança da audiência, e uma forma inadequada pode voltar-se contra a mensagem.

Dessa maneira, tanto o conteúdo quanto a forma são componentes críticos para uma boa comunicação. O conteúdo deve ser significativo e relevante para a audiência, e a forma deve ser adequada e coerente com o objetivo da mensagem.

Quando esses aspectos trabalham em harmonia, a mensagem se torna clara e compreensível, facilitando a comunicação.

1.3 Conceitos fundamentais: retórica, oratória e eloquência

Originada do latim, a palavra *retórica* significa "a arte de falar bem". Já oratória vem de orador e carrega o significado de "a arte de falar bem em público". Assim, os conceitos de retórica e de oratória, embora ligados, não se confundem, mas, em linhas gerais, ambos são elementos essenciais para uma boa comunicação.

Conforme indicamos, a **oratória**, portanto, diz respeito à arte de falar em público, ou seja, a habilidade de comunicar uma mensagem clara e eficazmente a uma audiência. Como veremos mais adiante, a oratória compreende uma série de técnicas de fala, postura, expressão facial e corporal para envolver e persuadir o público. Mas não apenas isso: a oratória pode ser aplicada em diferentes contextos, como apresentações empresariais, palestras, discursos políticos, debates e entrevistas e, inclusive, para mediação, conciliação, arbitragem e negociação.

Por sua vez, a **retórica** é a arte ou o estudo da persuasão por meio da linguagem escrita ou falada. Tem sido praticada desde os tempos antigos por filósofos, advogados, políticos e outros oradores notáveis como uma forma de influenciar o pensamento, a opinião e o comportamento das pessoas. Envolve o uso de técnicas persuasivas, como a argumentação, a utilização de metáforas, a construção de discursos e a exploração emocional. É uma ferramenta eficaz para influenciar uma grande variedade de públicos.

Aqueles que estudam retórica frequentemente analisam a eficácia das técnicas persuasivas em diferentes contextos e examinam de que forma ela pode ser usada para alcançar determinados objetivos. Já a habilidade da oratória não apenas demonstra a capacidade de se expressar claramente, como também é uma ferramenta eficaz para a construção da confiança, da liderança e da persuasão.

Assim, a oratória não diz respeito somente à transmissão de informações para uma audiência; implica também fazer conexão e estabelecer relações com ela. Uma boa oratória envolve um conhecimento profundo do público-alvo, tanto de seus interesses e necessidades quanto do contexto em que a mensagem será apresentada.

A **eloquência**, outro conceito importante, é a arte de falar ou escrever com habilidade, fluência e persuasão. Uma pessoa eloquente é capaz de se expressar com clareza, elegância e eficácia, envolvendo e cativando a audiência. Requer o emprego de uma ampla gama de técnicas, como o uso de palavras poéticas, metáforas, entonação, gestos e expressões faciais para transmitir a mensagem de forma persuasiva e convincente. É uma habilidade valiosa em muitos campos, incluindo política, negócios, literatura, oratória e entretenimento.

Uma pessoa eloquente é capaz de se expressar de maneira convincente e pode ter impacto sobre o pensamento e as opiniões do público. Além disso, a eloquência é frequentemente considerada uma característica de liderança, pois permite que os líderes influenciem e motivem outras pessoas com suas palavras.

Fazendo uma reflexão acerca dos conceitos de oratória, retórica e eloquência, podemos afirmar que a função da oratória é constituir um gênero literário que une o belo ao útil e que cria discursos para persuadir e comover. Para tanto, é necessário que o orador tenha eloquência, ou seja, poder de persuadir, utilizando-se da palavra e do gesto. A retórica, por fim, refere-se a um conjunto de regras concernentes à eloquência.

1.4 A importância da persuasão

Podemos conceituar *persuasão* como a habilidade de comunicação que tem por objetivo influenciar crenças, atitudes ou comportamentos de uma pessoa ou de um público específico.

A persuasão é empregada em diversas áreas, como publicidade, política, vendas, direito, relações públicas e outros campos, bem como por pessoas comuns em suas interações diárias. É uma ferramenta importante para vender ideias, promover mudanças positivas e alcançar metas.

A persuasão envolve uma série de técnicas de comunicação, tais como a escolha de palavras adequadas, o uso de argumentação e raciocínio lógico, a criação de conexões emocionais, o rebatimento dos argumentos adversos e/ou a apresentação de ressalvas a eles. A forma como a mensagem é transmitida, o que abrange tom de voz, postura e linguagem corporal, por exemplo, também pode tornar a mensagem mais eficaz.

A persuasão é uma habilidade essencial para quem deseja tornar-se um bom orador, uma vez que é uma das formas mais eficazes de influenciar e motivar uma audiência. Na oratória, a arte de persuadir consiste em apresentar uma mensagem de forma clara, coesa e objetiva para influenciar o público a tomar determinadas ações.

Para alcançar esse resultado, é importante ouvir a audiência e perceber expectativas, necessidades e interesses, a fim de direcionar a fala. Outro ponto relevante diz respeito à argumentação: bons argumentos aumentam as chances de convencimento do público. Assim, a utilização de exemplos e argumentações convincentes é fundamental para a persuasão.

Além disso, uma boa técnica de persuasão é a criação de vínculo por meio da exploração de emoções e experiências comuns entre a audiência e o orador, para despertar empatia e simpatia durante a fala.

Vale lembrar que a persuasão deve ser exercida sempre com responsabilidade e ética, sem o emprego de meios que possam ser manipulativos ou enganosos. A persuasão na oratória busca extrair o melhor daquilo que o orador tem a oferecer e propor um entendimento comum para todos.

Quando implementada de forma eficaz, pode fazer a diferença na hora de conquistar a atenção e a confiança da audiência, contribuindo para o sucesso de uma apresentação.

1.5 O orador e seu ofício

O orador é uma pessoa que fala em público, geralmente com a intenção de informar, inspirar ou persuadir uma audiência. Por esse motivo, oradores são frequentemente chamados para discursar, dar palestras, fazer apresentações e proferir discursos políticos ou motivacionais.

Entretanto, nem todos que se dirigem ao público são oradores: o cantor, o ator, o humorista, por exemplo, apesar de se apresentarem a uma audiência, não são oradores. Eles sobem ao palco para entreter, não necessariamente para influenciar. Para que alguém seja considerado orador, é necessário que suas ideias influenciem o público.

Dessa forma, o orador é aquele capaz de se comunicar claramente e efetivamente, envolvendo e cativando o público com suas palavras e apresentações. Para isso, deve ter uma boa compreensão do público-alvo, bem como dos objetivos que deseja alcançar. Um orador é uma pessoa que articula ideias e conceitos de forma clara e eficaz para uma audiência, utilizando-se, para isso, de técnicas de fala e apresentação.

Os oradores geralmente são escolhidos com base em sua experiência, seu conhecimento ou sua notabilidade em seus campos de atuação.

O ofício requer algumas habilidades essenciais para o sucesso na profissão: a aparência, a postura, o tom de voz, a dicção, a entonação e o ritmo, a correção vocabular, a organização e a clareza do discurso. Um bom orador é aquele que sabe utilizar a linguagem verbal e não verbal na transmissão de uma mensagem e que consegue, com isso, influenciar positivamente a plateia.

Isso é um ponto-chave para o sucesso do orador. A comunicação clara, objetiva e persuasiva é vital para transmitir ideias e informações em diferentes contextos e situações.

Além disso, um orador profissional deve vestir-se adequadamente e apresentar-se de maneira apropriada ao público em questão, transmitindo autenticidade e confiança. O conhecimento sobre o tema abordado é necessário para uma apresentação interessante e relevante, demonstrando domínio do assunto e transmitindo credibilidade e autoridade.

Bons oradores ainda têm habilidade de improvisação, para lidar com eventualidades que possam surgir durante a apresentação e com perguntas e questionamentos inesperados. A adaptabilidade para lidar com a audiência e com as demandas do evento é outro atributo importante do orador.

A oratória é uma das habilidades que incrementam a empregabilidade nos dias de hoje. Como em qualquer campo, a prática constante, o treinamento e o aprimoramento são vitais. Ou seja, o orador não é simplesmente alguém com talento nato para falar em público; até mesmo pessoas tímidas podem, com esforço, estudo e dedicação, tornar-se grandes oradores.

PARA SABER MAIS

Veja esta palestra do professor Rafael Falcón sobre comunicação humana:

FALCÓN, R. O dever de educar-se. **Instituto Borborema**, 29 nov. 2017. Disponível em: <https://www.youtube.com/watch?v=NmZuxxW0h2g&t=2210s>. Acesso em: 24 ago. 2023.

Síntese

Neste primeiro capítulo, tratamos dos conceitos fundamentais da oratória. Vimos que, para comunicar, são necessários um emissor e um receptor da mensagem, uma mensagem clara, um canal de comunicação adequado e a utilização de um código ou língua.

Na sequência, passamos aos conceitos de retórica, oratória e eloquência. A retórica está intimamente ligada à oratória, tendo em vista que trata da persuasão por meio da linguagem escrita ou falada. A oratória, por sua vez, diz respeito à habilidade de falar bem em público. Ambas se utilizam de técnicas de persuasão e exigem a eloquência do escritor ou orador.

Para o orador, é importante ser convincente, razão pela qual abordamos a persuasão. Persuadir é o processo de influenciar uma pessoa a adotar uma opinião, comportamento ou ação específica. Isso pode ser feito por meio de argumentos lógicos, emoções, dados ou prova científica. A persuasão pode ser utilizada em diversas áreas, como publicidade, política, educação, vendas, entre outras. O orador deve ser persuasivo para convencer a plateia. No decorrer da presente obra, veremos formas de argumentar para desenvolver as habilidades de persuasão.

Por fim, fizemos uma breve reflexão acerca do orador e de seu ofício, em especial sobre algumas das principais habilidades que o orador precisa desenvolver para alcançar sucesso em seus discursos.

Questões para revisão

1) Retórica é a arte de falar bem. Já *oratória* vem de *orador* e refere-se à "arte de falar bem em público". Além desses conceitos, vimos em que consistem a eloquência e a persuasão.

   A esse respeito, marque V para verdadeiro e F para falso nas assertivas a seguir:

   ( ) Os conceitos de *retórica* e de *oratória* se confundem. São expressões sinônimas.

   ( ) Eloquência é a arte de falar ou escrever com habilidade, fluência e persuasão.

   ( ) Persuasão é a habilidade de comunicação que tem como objetivo influenciar crenças, atitudes ou comportamentos de uma pessoa ou de um público específico.

   Agora, assinale a alternativa que apresenta a sequência correta:

   a. V, V, V.
   b. F, V, V.
   c. F, F, V.
   d. F, V, F.
   e. F, F, F.

2) A comunicação é um processo que envolve a troca de informações entre dois ou mais interlocutores por meio de signos e regras semióticas mutuamente entendíveis. Trata-se de um processo social primário que permite criar e interpretar mensagens que provocam uma resposta.

Sobre a comunicação, analise as assertivas a seguir:

I. Comunicação é o processo de transmitir ideias entre indivíduos.

II. A habilidade de comunicar-se aumenta as chances de sobrevivência do indivíduo.

III. A comunicação envolve a habilidade de transmitir informações, independentemente da capacidade de ser um ouvinte ativo.

Agora, marque a alternativa correta:

a. As assertivas I, II e III estão corretas.

b. Apenas a assertiva I está correta.

c. Apenas a assertiva II está correta.

d. Apenas as assertivas I e II estão corretas.

e. Apenas as assertivas II e III estão corretas.

3) Na comunicação, deve haver alguns elementos, tais como um emissor e um receptor, um código e uma mensagem.

Com base nisso, relacione as colunas a seguir:

1. Emissor

2. Receptor

3. Código

4. Mensagem

( ) Representa o conteúdo das informações transmitidas.

( ) É representado por aquele que recebe a mensagem.

( ) Representa aquele que envia a mensagem.

( ) É o conjunto de signos combinados nas mensagens verbais, retratado pela própria língua.

Agora, assinale a alternativa que apresenta a sequência correta:

a. 1, 2, 3, 4.
b. 4, 3, 1, 2.
c. 4, 2, 1, 3.
d. 3, 2, 1, 4.
e. 4, 2, 3, 1.

4) Vimos que o orador deve ter diversas habilidades, como a postura, a aparência e a clareza. Esses elementos dizem respeito à forma da mensagem. Explique a importância da linguagem corporal na transmissão da mensagem.

5) Descreva o que significa ser empático para um orador.

QUESTÃO PARA REFLEXÃO

1) A oratória compreende a emissão de uma mensagem com conteúdo e forma, essenciais para o sucesso na transmissão dessa mensagem. Podemos dizer que o conteúdo é mais importante que a forma ou vice-versa? Por quê?

II

Breve histórico da oratória e da retórica

CONTEÚDOS DO CAPÍTULO:

- » Retórica e oratória na Grécia Antiga.
- » Retórica e oratória na Roma Antiga.
- » Retórica e oratória no período medieval.
- » Retórica e oratória na Era Moderna.
- » Retórica e oratória na contemporaneidade.
- » Oratória nos dias de hoje.

APÓS O ESTUDO DESTE CAPÍTULO, VOCÊ SERÁ CAPAZ DE:

1. entender a evolução histórica da oratória como arte e ciência;
2. compreender a importância histórica da retórica e da oratória;
3. identificar alguns dos principais oradores da história;
4. reconhecer o pensamento de diversos autores sobre a oratória.

2.1 Retórica e oratória na Grécia Antiga

Como vimos, a retórica e a oratória se desenvolveram de maneiras diversas em cada sociedade e época, razão pela qual não podemos traçar uma linha histórica única. Contudo, não podemos negar que algumas civilizações e culturas acabaram por se destacar no desenvolvimento dessas habilidades, de tal forma que sua influência ecoa em nossos dias.

Esse é o caso da Grécia Antiga, que produziu alguns dos maiores oradores da história. Na Grécia surgiram escolas de retórica, como a escola sofista, que ensinava as artes da persuasão e da oratória. Os sofistas, como Protágoras e Górgias, eram mestres da argumentação e do discurso persuasivo. Eles treinavam indivíduos em técnicas de fala eficaz e argumentação persuasiva.

A influência da oratória grega perdurou através dos tempos, afetando a retórica e a comunicação em diversas culturas e períodos históricos. Os princípios e as técnicas desenvolvidos ainda são estudados e aplicados em contextos modernos, incluindo a política, o direito, a educação e os negócios.

2.1.1 Platão e Aristóteles

Apesar de os historiadores não chegarem a um consenso sobre o surgimento da oratória, podemos dizer que ela se desenvolveu de maneira robusta no período greco-romano, desde o século V a.C. até o século III d.C., caracterizado pela ênfase na importância da retórica como uma habilidade crítica para a educação e a liderança.

Os gregos foram pioneiros na teoria e prática da oratória. Cabe frisar que, nesse período, se falava mais em retórica do que em oratória. Platão e Aristóteles, por exemplo, foram importantes pensadores que estudaram a retórica e desenvolveram teorias sobre ela.

Para **Platão**, a oratória não era vista apenas como uma habilidade retórica, mas também como uma ferramenta para alcançar a verdade e a justiça. Ele acreditava que a maioria dos oradores da época estavam mais preocupados com a persuasão dos ouvintes do que com a busca da verdade. Via a oratória como uma arte que poderia ser usada para o bem ou para o mal. Ele advertiu que a oratória mal-intencionada poderia levar uma multidão a seguir líderes imprudentes e desonestos.

Logo, distinguir entre o verdadeiro e o falso era uma das principais preocupações de Platão, especialmente porque ele considerava que a retórica poderia ser usada para enganar as pessoas. Isso porque a persuasão pode ser alcançada por meio da emoção, das paixões do público, em vez da razão, e assim ela poderia ser utilizada para levar as pessoas a acreditar em mentiras.

Segundo Platão, a verdadeira arte da oratória envolve a luta pela justiça e a busca pela verdade – e não apenas a busca pela persuasão. Para ele, os verdadeiros líderes, aqueles que buscam a verdade e a justiça, são aqueles que têm o poder da oratória do lado deles. Ele acreditava que o orador deve sempre buscar o bem comum, e não seu próprio benefício.

Aristóteles, discípulo de Platão, considerava a retórica uma habilidade valiosa e necessária para a vida política e social. Isso porque ele entendia que a retórica era um conjunto de habilidades e técnicas que poderiam ser usadas para persuadir as pessoas, sempre com base na verdade e na razão. Assim, também acreditava que a oratória poderia ser usada para o bem ou para o mal e via a retórica como um meio de persuadir as pessoas a agir de forma justa e correta.

Para ele, a oratória era tanto uma arte quanto uma ciência. Os indivíduos deveriam dominar as técnicas de persuasão, incluindo a lógica, a emoção e a credibilidade, para se tornarem oradores eficazes. Aristóteles enfatizou a importância do treinamento e da prática ao longo do tempo para aprimorar as habilidades oratórias.

Além disso, a oratória era vista como uma forma de expressão que poderia ser usada para educar, inspirar e motivar as pessoas a agir com justiça e coragem. Sua abordagem mais técnica para a oratória ajudou a estabelecer a disciplina da retórica como um campo de estudo acadêmico.

2.1.2 Sofistas

Além de Platão e de Aristóteles, é importante lembrar que as escolas filosóficas dos sofistas viam as técnicas de persuasão como uma habilidade valiosa. Os sofistas eram professores na Grécia Antiga que ensinavam a retórica, a filosofia e outras habilidades práticas, como a política e a diplomacia. Eles foram criticados por Platão e Aristóteles por usarem técnicas persuasivas sem se preocuparem com a verdade.

Para os sofistas, a oratória era uma habilidade fundamental para a vida política e social, pois permitia que as pessoas se tornassem líderes e influenciassem o público. Eles acreditavam que o objetivo da oratória era persuadir as pessoas e que o conhecimento e as habilidades de persuasão eram mais importantes do que a busca pela verdade.

Os sofistas empregavam técnicas persuasivas para convencer seu público, incluindo a análise e a identificação do caráter do ouvinte, a identificação das emoções do público e o uso de falácias persuasivas. Assim como não se preocupavam com a verdade, não tinham preocupação com a moralidade de seus argumentos e eram bastante criticados por usar técnicas persuasivas para fins egoístas, ou seja, apenas para tirar vantagem ou enganar pessoas.

Portanto, na visão dos sofistas, a oratória era uma ferramenta para alcançar objetivos práticos e influenciar outras pessoas, independentemente da veracidade ou da moralidade de suas afirmações.

Os sofistas também acreditavam que a oratória era uma habilidade que poderia ser ensinada e aprendida. Eles criaram escolas de retórica e cobraram pelos seus serviços, afirmando que a oratória era uma habilidade que valia mais do que ouro.

2.1.3 Demóstenes

Demóstenes foi um grego que viveu no século IV a.C. e que vale a pena ser estudado, tendo em vista que obteve enorme prestígio como orador, sendo considerado um dos maiores da história. Gago, franzino e órfão de pai aos 7 anos, alcançou, por meio da prática, a excelência em retórica, vencendo até mesmo sua gagueira e impondo-se ao público, apesar de sua baixa estatura.

Era conhecido por seus discursos poderosos, que eram persuasivos e influenciavam as pessoas a agir. Ele adotava técnicas retóricas sofisticadas, como a repetição de pensamentos para enfatizar sua importância e a utilização de exemplos concretos para ilustrar argumentos. Também era conhecido por seu discurso claro e conciso e por sua habilidade de se adaptar às circunstâncias de cada discurso.

A oratória de Demóstenes foi fundamental para a construção de sua carreira política. Ele foi eleito para o cargo de liturgia, um serviço público voluntário e prestigioso na Atenas antiga, e mais tarde se tornou um grande líder político, servindo como embaixador e orador da cidade.

Um dos discursos mais famosos de Demóstenes é o *Discurso contra Filipe*, em que ele denuncia o rei Filipe da Macedônia e pede aos atenienses que lutem contra ele. É um exemplo da habilidade de Demóstenes de mover as emoções do público e de apresentar um argumento convincente e persuasivo.

O legado de Demóstenes na história da oratória é tão importante que muitos políticos, líderes empresariais e oradores modernos ainda estudam seus discursos e suas técnicas de argumentação.

2.2 Retórica e oratória na Roma Antiga

Na Roma Antiga, a **oratória** era uma habilidade fundamental para a liderança política e social, e sua importância era amplamente reconhecida. Os romanos entendiam que a oratória poderia ser usada para influenciar e defender interesses, para persuadir e convencer colegas e o povo em geral.

Pela sua relevância, a oratória era ensinada em escolas e academias, e os romanos acreditavam que poderiam ser treinados e aperfeiçoados. Os jovens romanos recebiam treinamento em retórica e gramática e depois em filosofia, direito e história. Esse conjunto de conhecimentos era considerado essencial para qualquer líder que quisesse fazer sucesso na política.

Para esse povo, a oratória envolvia muito mais do que simplesmente falar. Os oradores eram treinados em técnicas de memorização para se lembrarem do conteúdo de seus discursos sem recorrer às anotações. Além disso, usavam diferentes estilos e recursos literários para cativar e envolver a audiência.

É importante frisar que os romanos davam muita importância à verdade e à justiça em suas práticas de oratória. Um bom discurso deveria ser usado para defender uma causa justa ou corrigir uma injustiça.

Do mesmo modo, a **retórica** desempenhou um papel fundamental na educação e na política da Roma Antiga. As crianças romanas aprendiam a arte da retórica desde tenra idade. Isso envolvia o estudo da gramática, da argumentação e da eloquência. A capacidade de falar bem em público era considerada uma habilidade fundamental para os cidadãos romanos educados.

Além disso, para os romanos, a cidadania ativa envolvia a participação na política, como orador, advogado, senador ou líder militar. A habilidade de persuadir as pessoas por meio da retórica era essencial para ganhar apoio político e alcançar sucesso na vida pública. Portanto, podemos afirmar que a tradição retórica romana teve um impacto duradouro na cultura ocidental. Muitos de seus princípios retóricos foram preservados e transmitidos ao longo dos séculos, influenciando a retórica e a oratória em outras culturas e períodos históricos.

De modo geral, a oratória no período greco-romano era vista como uma habilidade necessária e valiosa para a liderança e para a persuasão em todas as esferas da vida. Técnicas como a preparação cuidadosa dos discursos, o uso da voz e de gestos para transmitir emoções e a capacidade de adaptar o discurso às necessidades e aos interesses do público eram fundamentais para se tornar um orador bem-sucedido e respeitado.

Um dos mais famosos oradores romanos foi Marco Túlio Cícero, por sua eloquência ao defender a República Romana e pela qualidade de seus discursos. Outros exemplos incluem Júlio César, com seus discursos militares; Quintiliano, educador romano; e Sêneca, com seus discursos filosóficos e éticos..

2.2.1 Marco Túlio Cícero

Um dos mais importantes oradores romanos, Marco Túlio Cícero viveu no século I a.C. É também considerado um dos maiores oradores da história e um dos principais representantes da retórica romana.

Cícero foi famoso por seus discursos eloquentes, habilidosos em persuadir e influenciar o público. Ele usava técnicas retóricas sofisticadas e era conhecido por sua habilidade em identificar o humor do público e adaptar seu discurso às suas necessidades.

A oratória de Cícero foi utilizada para construir sua carreira política, e ele ocupou vários cargos importantes na Roma Antiga, incluindo o de cônsul. Um dos discursos mais famosos é o *Discurso contra Catilina*, em que denuncia as conspirações de Catilina para derrubar a República Romana.

No entanto, a oratória de Cícero não era apenas uma habilidade política. Ele também acreditava ser uma forma de educação e aprimoramento moral e que os líderes deveriam usar a retórica para persuadir as pessoas a agir com justiça e bondade. Por isso, escreveu vários ensaios e livros sobre oratória, como *De Oratore*, considerado um dos trabalhos mais importantes sobre a retórica da Roma Antiga.

Cícero influenciou a retórica ocidental por muitos séculos, e suas técnicas e teorias foram estudadas por oradores e advogados em todo o mundo. Sua influência ainda é sentida na política, na justiça e na educação.

2.2.2 Júlio César

Um dos mais famosos líderes da Roma Antiga, Júlio César também era conhecido por sua habilidade em oratória. Ele era um grande orador, e sua eloquência era uma de suas maiores qualidades. César usou sua habilidade oratória para persuadir as pessoas a segui-lo. Sabia como cativar uma audiência com técnicas retóricas desenvolvidas pelos romanos, incluindo a utilização do *pathos* (emoção) e do *logos* (razão) para criar argumentos convincentes.

Adotava um estilo direto e simples, fácil de entender pelo público, além de frases curtas e poderosas para enfatizar um ponto ou uma ideia.

Outra habilidade oratória característica de César era sua capacidade de lidar com situações inesperadas, improvisando rapidamente para se adaptar às circunstâncias. Ele procurava ser claro e preciso em seus discursos para que tanto a elite quanto as classes populares pudessem entender suas ideias e propostas.

Um exemplo disso é o discurso que ele fez em frente ao Senado romano depois de sua vitória sobre o general Pompeu. O discurso ficou conhecido como *Discurso sobre a guerra civil* ou *Discurso da Alexandrina* e mostrou sua capacidade de aguentar a pressão e a tensão em uma situação de alto risco.

César é lembrado como um dos maiores líderes da história, e sua habilidade em oratória contribuiu significativamente para sua reputação e seu sucesso como líder. Ele usou a oratória como uma ferramenta para persuadir as pessoas e liderar grande parte do mundo antigo.

2.2.3 Sêneca

Sêneca foi um dos mais importantes filósofos romanos e também era conhecido por sua habilidade em oratória. Ele era um orador eficaz e usou essa habilidade em defesa de suas ideias filosóficas e políticas durante o Império Romano. Acreditava que a oratória era uma ferramenta poderosa para a persuasão e a defesa da justiça, que deveria ser empregada apenas para o bem e que o orador deveria ter valores éticos e morais elevados.

Em seus discursos, Sêneca enfatizava a importância da lógica e da moralidade. Ele defendia que o uso racional e raciocinado dos argumentos seria a melhor maneira de convencer os outros. Deu destaque ao uso da empatia e da compaixão no discurso como uma maneira de se conectar com o público e de cativá-lo.

Embora Sêneca tenha deixado um legado significativo como filósofo e escritor, parte de suas habilidades oratórias foram utilizadas na Corte imperial, já que era um dos principais conselheiros do imperador Nero. Assim, aconselhava o imperador com o objetivo de convencê-lo a adotar políticas justas e éticas.

Um de seus discursos mais famosos é chamado de *Sobre a constância do sábio*, no qual Sêneca fala sobre a importância do autocontrole emocional e sua relevância na busca da sabedoria e da felicidade.

As habilidades em oratória de Sêneca, juntamente com sua ética e filosofia, contribuíram para a sua reputação como um dos maiores pensadores da história romana.

2.2.4 Marco Fábio Quintiliano

Notável retórico e educador romano, Marco Fábio Quintiliano viveu no final do século I d.C. Ele é mais conhecido pela obra abrangente sobre a retórica, intitulada *Institutio Oratoria*, que o estabeleceu como uma das principais autoridades sobre o assunto.

Nessa obra, Quintiliano apresentou um sistema abrangente de educação retórica, abordando desde gramática e estilo até técnicas de entrega e memorização. Enfatizou a importância de usar a linguagem para persuadir e inspirar. Sua obra teve um impacto duradouro no desenvolvimento da retórica e da oratória ao longo dos séculos.

Quintiliano se destacou como professor de retórica em Roma e foi nomeado pelo imperador Domiciano para fundar uma escola de retórica naquela cidade. Seu trabalho *Institutio Oratoria* ainda é estudado e admirado por estudantes e profissionais de retórica e comunicação em todo o mundo.

2.3 Retórica e oratória no período medieval

A passagem do período romano para o início do feudalismo na Europa ocorreu gradualmente ao longo dos séculos V e VI d.C. Na verdade, a queda do Império Romano do Ocidente não foi um evento singular, mas um processo complexo que resultou em profundas mudanças na estrutura política, social e econômica europeia. A decadência e o declínio do Império Romano do Ocidente levaram a uma instabilidade política e a um enfraquecimento da autoridade central.

No aspecto cultural, o cristianismo foi um fator importante na transição para o feudalismo. A Igreja cristã se fortaleceu no período após a queda de Roma, assumindo as funções políticas e sociais que pertenciam ao Estado romano e determinando os valores e a vida cotidiana da sociedade feudal com a introdução do conceito de religião cristã.

Desse modo, essa transição foi caracterizada por profundas mudanças políticas, sociais, econômicas e culturais que moldaram a Europa medieval e influenciaram a história europeia por séculos. Nesse cenário, a retórica desempenhou um papel significativo no período medieval, especialmente no ensino acadêmico na Europa Ocidental. Durante os primeiros séculos, a retórica serviu como um meio de ensinar a interpretação da Bíblia e os textos clássicos gregos e romanos.

Os estudiosos medievais acreditavam que o estudo da retórica tinha grande valor para o aprendizado e o aprimoramento da escrita e da oratória. Além disso, a retórica era praticada não apenas como uma arte da persuasão, mas também como uma ferramenta para análise e interpretação de textos, particularmente em questões teológicas.

Durante a Idade Média, a retórica foi estudada em universidades e escolas de todo o mundo, levando ao desenvolvimento de várias tradições e métodos pedagógicos. Entre as principais figuras que contribuíram para o desenvolvimento da retórica nesse período estão o filósofo e teólogo Santo Agostinho, o poeta italiano Dante Alighieri e o humanista holandês Erasmo de Roterdã.

Com efeito, a retórica desempenhou um papel importante na formação da cultura e da política da época, incluindo a própria Igreja Católica durante a Reforma. Muitos líderes políticos e religiosos tinham habilidades excepcionais em retórica para comunicar eficazmente sua mensagem e defender seus pontos de vista em debates e discursos públicos..

2.3.1 Artes liberais: *trivium* e *quadrivium*

No Império Romano, as crianças eram ensinadas a dominar as sete artes que compunham o *trivium* e o *quadrivium*.

O *trivium* era um conjunto de estudos que fazia parte do currículo clássico e que consistia em três áreas de estudos: gramática, retórica e lógica, consideradas fundamentais e preparatórias para o estudo das artes liberais e para a vida intelectual. O *quadrivium*, que também integrava o currículo clássico, era composto por aritmética (a teoria do número), música (a aplicação da teoria do número), geometria (a teoria do espaço) e astronomia (a aplicação da teoria do espaço).

Na Idade Média, o *trivium* compôs as disciplinas essenciais para quem pretendia o sacerdócio ou qualquer lugar na hierarquia eclesiástica. A retórica e o *trivium* são conceitos relacionados que se originaram na educação clássica e ainda hoje são relevantes nos estudos de comunicação e linguagem.

A retórica, que fazia parte do *trivium*, incluía o estudo da linguagem, da argumentação e de técnicas de apresentação pública. Também considerava as emoções e os valores do público, para entender e adaptar melhor a comunicação de acordo com o contexto e a audiência.

Na educação medieval, o *trivium* e a retórica eram vistos como essenciais para o desenvolvimento de habilidades de pensamento crítico, comunicação eficaz e cidadania. Na atualidade, a retórica é estudada como uma disciplina separada ou como parte dos cursos de comunicação e linguagem.

Hoje, a retórica ainda é valorizada como uma ferramenta para aprimorar e entender a comunicação, seja no discurso público, seja na comunicação interpessoal. A compreensão das técnicas e dos estilos de retórica nos ajuda a entender como a comunicação pode ser persuasiva e impactante.

2.3.2 Santo Agostinho

Também conhecido como Agostinho de Hipona, Santo Agostinho foi um importante teólogo e filósofo cristão do século IV d.C. Ele é conhecido por seus escritos filosóficos e teológicos sobre Deus, o homem, a Igreja e a ética cristã.

Além disso, deu importantes contribuições para o estudo da retórica e da oratória. Santo Agostinho acreditava que a retórica era importante não apenas para a persuasão, mas também para a promoção da verdade e da justiça. Em seus escritos, defendeu uma abordagem cristã para a disciplina, que utilizava a retórica para transmitir o evangelho e edificar a sociedade.

Logo, considerava que a retórica e a oratória eram essenciais para a pregação do evangelho e para a promoção da paz e da justiça. Ele enfatizava a importância de combinar a eloquência com a verdade, para que a retórica fosse usada para fins nobres e virtuosos. Entendia que a retórica era útil para a defesa da fé e para a refutação de argumentos falaciosos e contrários à verdade.

Santo Agostinho produziu uma vasta obra literária. Algumas de suas obras mais importantes estão relacionadas no quadro a seguir.

Quadro 2.1 – Principais obras de Santo Agostinho

Título da obra	Sinopse
Confissões	Autobiografia espiritual escrita na forma de um diálogo entre Santo Agostinho e Deus. É considerada uma das mais importantes obras da literatura ocidental.
A cidade de Deus	Obra teológica escrita em resposta à invasão dos visigodos em Roma. Discute os conceitos de *cidade terrena* e *cidade de Deus*, abordando temas como a natureza do mal, a origem da sociedade humana e a relação entre o governo humano e o divino.
Da Trindade	Discute a natureza da Trindade: o Pai, o Filho e o Espírito Santo. Esta obra se tornou uma das fontes primárias para a doutrina da Trindade.
Sobre a doutrina cristã	Aborda questões relacionadas à interpretação bíblica, como a alegoria, o simbolismo e a relação entre o Antigo e o Novo Testamento.
Enchiridion ou *Manual de fé*	Constitui-se no resumo dos princípios fundamentais da fé cristã, escrito em forma de perguntas e respostas.
De Magistro (Do mestre)	Escrita na forma de diálogo, esta obra trata da natureza do ensino e do aprendizado, com base na qual discute seu relacionamento com seu filho.

Essas obras foram muito influentes na formação da teologia cristã e da filosofia ocidental. Os escritos e ensinamentos de Santo Agostinho sobre retórica foram amplamente estudados e influenciaram muitos teólogos e filósofos cristãos e não cristãos, desde a Idade Média até a atualidade. Seu trabalho ajudou a moldar a retórica cristã e a oratória, tornando-se uma importante contribuição para o desenvolvimento da literatura cristã.

2.3.3 Dante Alighieri

Poeta italiano do final do século XIII d.C., Dante Alighieri é amplamente considerado um dos maiores nomes da literatura ocidental, embora seja mais conhecido por sua obra-prima *A divina comédia.*

Dante era muito bem versado em retórica e oratória, e muitas de suas obras revelam um grande domínio da linguagem e do discurso. Suas poesias nasceram e foram escritas no contexto de conflitos políticos e sociais da Itália, e ele muitas vezes defendia posições políticas na forma de versos e discursos.

Em suas obras, há muitas passagens que demonstram a importância que ele dava à retórica como meio de persuasão e comunicação. Em *De Vulgari Eloquentia*, por exemplo, é discutido o papel da língua vernácula na literatura, na política e na sociedade. Dante também defendia a importância da oratória em sua função de persuadir os outros a seguir determinada causa ou ideia.

A capacidade de usar a retórica para persuadir e influenciar as pessoas é evidente em muitas de suas obras literárias. Ele ainda é lembrado por seu uso magistral de imagens e metáforas, habilidade que lhe permitiu comunicar ideias complexas de maneira clara e impactante.

A oratória era uma área de interesse e estudo para Dante, que acreditava em seu valor como uma ferramenta poderosa para a comunicação, a persuasão e a defesa de ideias.

2.3.4 Erasmo de Roterdã

Pensador humanista e reformador holandês do século XVI, Erasmo de Roterdã destacou-se pela produção literária e pelo engajamento nos debates religiosos e intelectuais da época. Desenvolveu estudos de retórica e oratória e influenciou muitos pensadores e filósofos ao longo dos séculos.

Erasmo de Roterdã acreditava que a oratória era uma arte fundamental para a expressão e a comunicação das ideias em uma sociedade livre e democrática. Em sua obra *De Duplici Copia Verborum et Rerum* (*Sobre a dupla abundância de palavras e assuntos*), discute a importância do treinamento em oratória para que as pessoas sejam capazes de expressar suas ideias com clareza e persuasão.

Outra obra de destaque é *De Copia*, em que Erasmo de Roterdã trata da importância da variedade de estilos e técnicas de oratória para a comunicação eficaz. Ele defendia a oratória como uma arte que se adapta ao público e ao contexto, explorando diferentes estilos e formas para comunicar informações, persuadir e convencer.

Acreditava, ainda, que a oratória deveria estar ligada à ética e à moralidade, uma vez que a persuasão deveria ser empregada em prol de causas justas e nobres. Em muitos casos, usou sua habilidade oratória para defender e desafiar práticas e dogmas da Igreja Católica, tendo sido uma figura importante do movimento da Reforma Protestante.

2.4 Retórica e oratória na Era Moderna

A transição da Era Medieval para a Era Moderna foi um processo gradativo que se estendeu do século XV ao século XVII. Esse período entre o final da Idade Média e o início da Idade Moderna viu muitas mudanças sociais, políticas, econômicas e culturais, que culminaram na criação do mundo moderno como o conhecemos hoje. A transição se deu, portanto, com a transformação da sociedade feudal em uma sociedade capitalista.

A seguir, vejamos duas figuras importantes desse período.

2.4.1 René Descartes

René Descartes é considerado uma figura importante na filosofia e na matemática. Embora desacreditasse completamente da retórica, era um grande defensor da clareza e da precisão da linguagem e escreveu extensamente sobre a importância da lógica, da razão e da argumentação bem estruturada.

Descartes é conhecido por sua filosofia e suas ideias sobre o dualismo mente-corpo. Em sua obra *Discurso sobre o método*, defende a importância de explicar ideias complexas de maneira clara e concisa. Para ele, a clareza da linguagem era essencial para a comunicação eficaz e uma ferramenta vital para alcançar a verdade.

Apesar disso, Descartes era indiferente à oratória e a via exclusivamente como um dom. Tendo em vista que a eloquência tem um lado artístico, o filósofo não acreditava que ela fosse científica o suficiente. Limitou, em grande medida, sua filosofia e sua ênfase à lógica e à razão, acreditando que a lógica racional não era compatível com a retórica.

Sua famosa frase "Penso, logo existo" é um exemplo da forma concisa de comunicação de Descartes. Ao destilar a essência de sua filosofia em uma frase simples, ele foi capaz de transmitir um conceito complexo de maneira clara e memorável. E isso, com certeza, é uma contribuição, ainda que indireta, à retórica e à oratória.

2.4.2 Thomas Hobbes

Criador do pensamento cartesiano, sistema filosófico que deu origem à filosofia moderna, Thomas Hobbes é conhecido principalmente por sua filosofia política e pela teoria do contrato social. Embora muitas vezes seja lembrado por seus escritos, sua contribuição na oratória é significativa. Hobbes era um orador competente e persuasivo, que gostava de discutir suas ideias em público.

Acreditava que a oratória era uma habilidade importante para a política. Em seu livro *Leviatã*, define o papel dos oradores no govafirmando que eles devem ser capazes de persuadir e comunicar com eficácia para obter o apoio do público.

Um de seus discursos mais famosos foi proferido na Universidade de Oxford, em 1640, quando ele defendeu a ordem e a autoridade em um momento de grande agitação política em seu país. No discurso, enfatizou a necessidade de um governo forte e centralizado para manter a paz e a estabilidade.

Além de seus discursos públicos, Hobbes também era um escritor prolífico, que usou sua habilidade em oratória para expressar ideias de maneira clara e persuasiva. Para ele, a linguagem era uma ferramenta fundamental para a compreensão e a comunicação da verdade, e suas obras refletem o compromisso com a clareza e a concisão na escrita.

2.5 Retórica e oratória na contemporaneidade

A oratória é uma habilidade cada vez mais valorizada na sociedade moderna e em vários setores do mercado de trabalho. Com a crescente necessidade de comunicação clara e eficaz em muitas áreas, falar bem tornou-se uma competência crucial.

As técnicas de falar em público têm se aprimorado. Podemos perceber uma mudança de foco das habilidades puramente retóricas para a comunicação clara, concisa e persuasiva. A ênfase está no desenvolvimento de uma comunicação eficaz, o que ajuda a estabelecer negociações bem-sucedidas, apresentações persuasivas e liderança efetiva.

Com o avanço da tecnologia e a popularidade de plataformas de comunicação *on-line*, a oratória evoluiu e passou a incluir habilidades em outros formatos além do discurso público, como apresentações de vídeo, palestras *on-line*, *webinars* e *podcasts*.

Os palestrantes modernos usam ferramentas visuais, como gráficos, imagens e vídeos, para apoiar apresentações e empregam técnicas persuasivas de narrativa para envolver o público. Eles também levam em consideração a diversidade cultural e aprimoram as habilidades de comunicação intercultural para se comunicarem efetivamente com pessoas de diferentes culturas.

Em suma, a oratória moderna evoluiu para se adaptar às necessidades da sociedade contemporânea. É uma habilidade essencial para o desenvolvimento profissional e um meio eficaz de transmitir ideias, influenciar pessoas e alcançar objetivos comuns.

Nos tópicos a seguir, apresentamos duas figuras importantes da retórica e da oratória na contemporaneidade.

2.5.1 Arthur Schopenhauer

Filósofo alemão do século XIX, Arthur Schopenhauer identificou **38 estratégias** que podem ser usadas para vencer uma discussão, muitas vezes referidas como *38 estratagemas de Schopenhauer*. Aqui estão elas (Schopenhauer, 2018):

1. *Argumentum ad hominem*: atacar o caráter ou um aspecto pessoal do oponente em vez do argumento em si.
2. *Argumentum ad ignorantiam*: argumentar que algo é verdadeiro porque não foi provado que é falso, ou que é falso porque não foi provado que é verdadeiro.

3. *Argumentum ad verecundiam*: argumentar com base na autoridade de alguém em vez de apresentar evidências ou argumentos.

4. Falsa analogia: fazer uma comparação inadequada com algo que não é semelhante o suficiente para apoiar o argumento.

5. *Argumentum ad baculum*: usar ameaças ou força para persuadir alguém.

6. *Argumentum ad consequentiam*: argumentar que algo é verdadeiro ou falso simplesmente porque as consequências são desejáveis ou indesejáveis.

7. *Ignoratio elenchi*: apresentar um argumento que não é relevante para a questão em debate.

8. *Argumentum ex silentio*: usar o silêncio de alguém como evidência de que algo é verdadeiro ou falso.

9. *Petitio principii*: circularmente assumir como verdadeiro o que se pretende provar.

10. *Argumentum ad nauseam*: repetir um argumento muitas vezes até que seja aceito como verdadeiro.

11. Generalização apressada: tirar uma conclusão ampla com base em evidências insuficientes.

12. Conclusão irrelevante: apresentar uma conclusão que não é suportada pelas premissas.

13. *Argumentum ad populum*: pressionar as pessoas a concordar com base no que é popular ou comum.

14. *Argumentum ad misericordiam*: apelar para a compaixão ou simpatia das pessoas.

15. *Complex question*: fazer uma pergunta que é difícil de responder sem confirmar outra afirmação.

16. Supressão de evidências: ocultar evidências que refutam o argumento.

17. *Post hoc ergo propter hoc*: argumentar que, porque um evento aconteceu antes de outro, o primeiro evento é a causa do segundo.

18. *Diversion*: desviar o assunto da discussão para outro assunto para evitar responder a uma pergunta difícil.

19. Argumento de iniciativa: apresentar um argumento que parece forte enquanto o oponente ainda não se preparou.

20. Raciocínio de pluralidade de causas: argumentar que algo acontece porque há várias causas sem realmente explicar ou provar nenhuma delas.

21. *Argumentum ad ignorantiam inversum*: argumentar que algo é falso porque não há evidências suficientes para provar que é verdadeiro.

22. Finta: fingir que se concorda com o oponente para apresentar um argumento mais forte posteriormente.

23. *Shifting definition*: mudar a definição de uma palavra ou conceito no meio da discussão para beneficiar o próprio argumento.

24. *Red herring*: usar um argumento que não é relevante, mas que é tão atraente que desvia a atenção da questão principal.

25. Apelo a consequências sentimentais: apresentar um argumento que apela às emoções em vez da razão.

26. *Argumentum ad absurdum*: tentar desacreditar o argumento de alguém mostrando que ele levaria a uma conclusão absurda.

27. Raciocínio de exceção: argumentar que uma regra não se aplica porque há uma exceção.

28. *Argumentum ad novitatem*: argumentar que algo é verdadeiro ou melhor porque é novo.

29. Considerações sobre a fonte: rejeitar a conclusão porque a fonte é supostamente não confiável.

30. Princípio do único caso: argumentar que algo é verdadeiro ou falso com base em um único exemplo.

31. Prova anedótica: apresentar um exemplo ou história para provar um argumento sem evidências suficientes.

32. *Cherry picking*: selecionar propositalmente exemplos que suportem a tese.

33. Falsa causa: sugerir que uma mudança foi causada por uma correlação ou coincidência.

34. Espantalho: apresentar o argumento do oponente de forma distorcida, exagerada, para depois destruí-lo.

35. Generalização errônea: tirar uma conclusão ampla com base em evidências inadequadas.

36. Paradoxos da infinitude: usar argumentos que são baseados na ideia de que as coisas não podem ser infinitas ou ser parte do infinito.

37. Argumento do espelho: usar os argumentos de seu oponente contra ele na tentativa de quebrar sua posição.

38. Falácia pelo pressuposto: apresentar um conjunto de crenças ou pressupostos que são necessários para provar o ponto do argumentador.

Na argumentação, a perspectiva de Schopenhauer é que a retórica não é apenas uma arte, mas também uma ciência. Para ele, a persuasão não pode constituir-se no uso de truques ou artifícios; deve estar enraizada na racionalidade e na compreensão da natureza humana. Ele acreditava que a melhor forma de persuadir alguém era por meio da argumentação racional, que apelasse tanto à lógica quanto às emoções.

2.5.2 Mário Ferreira dos Santos

O brasileiro Mário Ferreira dos Santos foi filósofo, professor universitário e escritor de vasta obra. Além de ser conhecido como filósofo, também escreveu importantes livros sobre oratória. Santos era um palestrante competente e persuasivo, e sua habilidade em comunicação era notável em seus discursos e conferências. Ele acreditava que ser capaz de transmitir suas ideias de forma clara e envolvente era fundamental para um filósofo alcançar o público e tornar a filosofia mais acessível.

Santos escreveu um livro sobre oratória intitulado *Curso de oratória e retórica*, publicado originalmente em 1963. Esse livro é considerado um clássico da literatura brasileira sobre oratória e é recomendado para aqueles que desejam melhorar suas habilidades de falar em público. Nessa obra, o autor apresenta técnicas e estratégias para falar em público de maneira confiante e eficaz. Ele discute a importância da preparação e o uso correto de postura, tom de voz, gestos, pausas e silêncio em uma apresentação.

O livro ainda traz uma análise dos diferentes tipos de oradores e estilos de oratórias, juntamente com exemplos de figuras históricas que se destacaram na área de oratória. Além das orientações explícitas, o autor enfatiza a importância da filosofia e do conhecimento geral como base para a habilidade de falar em público.

Com uma linguagem clara e acessível, Santos consegue transmitir os conceitos fundamentais para tornar os discursos mais eficazes e persuasivos. O livro é considerado um guia prático que pode ajudar desde estudantes até profissionais experientes a melhorar suas habilidades de comunicação e oratória.

A oratória de Mário Ferreira dos Santos era marcada por clareza, envolvimento e paixão. Sua capacidade de falar sobre qualquer assunto com autoridade e confiança o tornava um orador versátil e aclamado por seus alunos e convivas.

2.6 Oratória nos dias de hoje

Há muitos oradores famosos na atualidade. Vejamos alguns deles:

» **Barack Obama**: é um dos mais inspiradores e bem-sucedidos oradores políticos da história moderna. Como 44º presidente dos Estados Unidos, discursou em muitas ocasiões importantes, incluindo o discurso de posse presidencial em 2009.

» **Malala Yousafzai**: a jovem paquistanesa tornou-se uma voz poderosa em defesa dos direitos das mulheres e da educação em todo o mundo. Com apenas 16 anos, discursou na Organização das Nações Unidas (ONU) sobre a importância da educação para meninas.

» **Martin Luther King Jr.**: foi um memorável líder dos direitos civis nos Estados Unidos. Ele é mais lembrado por seu famoso discurso *I have a dream* (*Eu tenho um sonho*), proferido durante a Marcha sobre Washington por Emprego e Liberdade, em 1963.

» **Nelson Mandela**: o falecido líder sul-africano e defensor dos direitos humanos foi um orador habilidoso, famoso por seu discurso na prisão de Robben Island, e tornou-se um símbolo da luta contra o *apartheid*.

» **Winston Churchill**: foi o primeiro-ministro britânico durante a Segunda Guerra Mundial, lembrado pela sua firmeza moral e por seus discursos motivacionais, como *We shall fight them on the beaches*.

» **Oprah Winfrey**: conhecida por seu programa de entrevistas na televisão, também é uma oradora motivacional proeminente, que se concentra no autoaperfeiçoamento e no empoderamento pessoal.

Esses estão entre muitos outros oradores famosos dos dias atuais, que inspiram pessoas em todo o mundo com suas palavras e seus discursos.

PARA SABER MAIS

Os bons oradores podem alcançar enorme visibilidade em plataformas como o YouTube. Nas TED Talks, podem ser vistas inúmeras palestras com especialistas do mundo inteiro, criadas pela organização sem fins lucrativos TED (Tecnologia, Entretenimento e Design) na década de 1980. As palestras são apresentadas por especialistas em várias áreas, como tecnologia, ciência, cultura, política, negócios, educação e entretenimento. Tornaram-se extremamente populares em todo o mundo, com muitas palestras alcançando milhões de visualizações.

As TED Talks têm como objetivo espalhar ideias que merecem ser compartilhadas e que podem inspirar pessoas em todo o mundo. As palestras são geralmente limitadas a 18 minutos e, muitas vezes, incluem imagens impressionantes, histórias pessoais, demonstrações de produtos ou ideias e outros elementos cativantes e envolventes.

As palestras podem ser vistas *on-line*, de forma gratuita e com legendas em mais de 100 idiomas.

TED: IDEAS WORTH SPREADING. Disponível em: <https://www.ted.com/>. Acesso em: 25 ago. 2023.

Síntese

Neste segundo capítulo, vimos um pequeno histórico da retórica e da oratória, descrevendo a natureza de ambas como arte e como ciência. Para tanto, destacamos algumas das mais importantes personalidades que se dedicaram às práticas retóricas e de oratória.

Abordamos diversos momentos históricos, o que não significa que a oratória tenha se desenvolvido linearmente. É importante considerar que ela esteve presente em diferentes tempos e lugares, de maneira dispersa.

Na Grécia Antiga, ressaltamos o papel dos pensadores Platão e Aristóteles, bem como dos sofistas. Mencionamos, também, Demóstenes, um dos maiores oradores de todos os tempos.

Na Roma Antiga, selecionamos os nomes de Marco Túlio Cícero, Júlio César, Sêneca e Quintiliano, expoentes que se dedicaram ao estudo e à prática da retórica e da oratória.

Passando ao período medieval, vimos a importância das artes liberais – *trivium* e *quadrivium* – para o desenvolvimento da retórica e da oratória. Nesse contexto, os nomes de Santo Agostinho, Dante Alighieri e Erasmo de Roterdã foram os escolhidos para ilustrar como o discurso religioso e a literatura contribuíram para o desenvolvimento da matéria.

No período moderno, destacamos os filósofos Descartes, Hobbes, influenciadores do pensamento da época que faziam uso das técnicas da retórica e da oratória.

Na contemporaneidade, demos vez a Schopenhauer e ao filósofo brasileiro Mário Ferreira dos Santos, dois grandes nomes que se dedicaram ao estudo da oratória e que influenciam de maneira importante a oratória da atualidade.

Por fim, listamos outros nomes de destaque no campo da oratória, como Barack Obama, Malala Yousafzai e Oprah Winfrey,

O rol de pensadores apresentado no presente capítulo não é exaustivo; existem vários outros nomes de relevância no campo da oratória, como Foucault, Perelman e Wittgenstein.

QUESTÕES PARA REVISÃO

1) Ele acreditava que a retórica e a oratória eram essenciais para a pregação do evangelho e para a promoção da paz e da justiça. Enfatizava a importância de combinar a eloquência com a verdade, para que a retórica fosse usada para fins nobres e virtuosos.

A descrição se refere a qual pensador?

a. Santo Agostinho.

b. Schopenhauer.

c. Erasmo de Roterdã.

d. Descartes.

e. Hobbes.

2) A Grécia Antiga foi um dos principais berços da retórica e da oratória. São nomes importantes desse período histórico:

a. Cícero, Demóstenes e Aristóteles.

b. Demóstenes e Aristóteles.

c. Demóstenes, Aristóteles e Sêneca.

d. Cícero, Demóstenes, Aristóteles e Sêneca.

e. Cícero e Aristóteles.

3) Era um pensador indiferente à oratória, a qual era vista exclusivamente como um dom. Como a eloquência tem um lado artístico, o filósofo não acreditava que ela fosse científica o suficiente.

Assinale a alternativa que se refere ao pensador descrito:

a. Hobbes.
b. Descartes.
c. Schopenhauer.
d. Smith.
e. Churchill.

4) Arthur Schopenhauer, filósofo alemão do século XIX, identificou 38 estratégias que podem ser usadas para vencer uma discussão – os 38 estratagemas de Schopenhauer. A esse respeito, explique o que é um argumento *ad verecundiam*.

5) Os sofistas foram duramente criticados por Platão e Aristóteles. Quem foram os sofistas e por qual razão foram criticados?

QUESTÃO PARA REFLEXÃO

1) Schopenhauer entende que a retórica não é apenas uma arte, mas também uma ciência. Você concorda com essa posição do filósofo alemão? Por quê?

III

Texto, redação e competências linguísticas

Conteúdos do capítulo:

- » Tipos de textos.
- » Ordem das ideias.
- » Criação de um projeto de texto.
- » Coerência.
- » Coesão.
- » Construção do parágrafo.

Após o estudo deste capítulo, você será capaz de:

- » reconhecer os diversos tipos textuais;
- » realizar a organização das ideias em um texto ou em um discurso;
- » redigir um projeto de texto;
- » identificar os critérios para escrever de maneira ordenada, com coerência e coesão.

A habilidade de escrever bem é essencial para o orador por várias razões. Primeiramente, a escrita é uma forma de organizar ideias e de se comunicar claramente, o que é fundamental para a elaboração de discursos eficazes. Quando o orador tem uma mensagem clara e organizada, pode se concentrar melhor em falar com um tom convincente e confiante, em vez de se preocupar com o que vai dizer em seguida ou com a estrutura do discurso.

Além disso, a escrita também é fundamental para a preparação do discurso. Um bom orador passa muito tempo pensando sobre o que quer dizer, como quer dizer, bem como no público que vai ouvi-lo. Com a escrita, pode construir esboços e planejar cada parte de seu discurso. Essa preparação pode ajudar o orador a se sentir mais confiante e preparado e a transmitir sua mensagem de forma mais eficaz.

Cabe acrescentar que a habilidade de escrever bem permite que o orador use palavras e frases apropriadas, já que o uso correto da gramática e da ortografia elimina a chance de mal-entendidos e torna o discurso e sua mensagem mais claros e facilmente compreensíveis. Mesmo que alguém seja capaz de brilhar ao falar em público, um discurso mal escrito ou mal estruturado corre o risco de não transmitir sua mensagem de maneira eficaz, o que pode prejudicar tanto a imagem do orador quanto a causa que ele defende.

Apesar de ser possível que o orador aprenda técnicas para improvisar, como regra geral, todo discurso deve ser planejado. A fala de improviso, para os inexperientes, pode ser um desastre. Assim, o estudo e o conhecimento da oratória são um fator primordial para o bom desempenho de quem trabalha com o público.

O orador pode contar uma história, defender uma tese e dar uma opinião a respeito de determinado tema, sempre apoiado em argumentos consistentes, estruturados com coerência e coesão, formando uma unidade textual e de discurso. Aí que é está a grande dificuldade: Como chegar a uma opinião válida? Como definir a tese? Como conseguir argumentos para defender um determinado ponto de vista?

Inicialmente, temos de compreender quais são as competências mínimas de quem pretende transmitir, com clareza, uma mensagem. É fundamental conhecer o tema sobre o qual se quer falar, afinal, ninguém fala bem sobre o que não conhece.

Ademais, é preciso dominar adequadamente o vocabulário, a fim de que as palavras correspondam exatamente àquilo que se deseja expressar, tendo em vista, especialmente, a composição do público receptor. Por exemplo, um médico que fala para uma plateia de médicos deve utilizar o vocabulário próprio de sua ciência. Quando o mesmo médico se dirige a uma plateia de leigos, deve, de igual forma, adaptar seu vocabulário à sua audiência.

Aquele que recebe sua mensagem espera ser confrontado com argumentos sólidos e que justifiquem logicamente a posição assumida por você em relação a um problema ou a um ponto de vista. A inteligibilidade de seu discurso depende da coerência e da plausibilidade das ideias e dos argumentos apresentados. Dessa forma, quem discorre sobre algo não pode deixar de considerar o nexo que deve haver entre as ideias que deseja expressar, ou seja, uma certa ordem que ligue umas às outras.

Para enriquecer o discurso, é necessário usar estratégias argumentativas, ou seja, recursos para desenvolver os argumentos, de modo a convencer o leitor. Entre esses recursos, podemos citar:

» exemplos;

» dados estatísticos;

» pesquisas;

» fatos comprováveis;

» citações ou depoimentos de pessoas especializadas no assunto;

» pequenas narrativas ilustrativas;

» alusões históricas;

» comparações entre fatos, situações, épocas ou lugares distintos.

Segundo Perelman (1999, p. 304), "Toda argumentação visa, de fato, a uma mudança na cabeça dos ouvintes, trata-se de modificar as próprias teses às quais aderem ou simplesmente a intensidade dessa adesão, medida pelas consequências posteriores que ela tende a produzir na ação".

Veremos todos esses aspectos, mas antes vamos analisar como funciona a linguagem e como se constituem o texto e o contexto na elaboração do discurso.

3.1 Tipos de textos

Talvez um dos maiores consensos acerca da capacidade de se comunicar bem é a ideia de que aquele que escreve bem – por saber organizar seus pensamentos – também é um bom orador.

Se olharmos para os grandes discursos, vamos perceber que eles foram primeiramente pensados e escritos para depois serem falados. Assim, a organização do pensamento é primordial para que a mensagem seja clara para quem a recebe. Quantas vezes já tentamos colocar nossas ideias no papel e falhamos miseravelmente? Aposto que você também já passou por isso.

Por essa razão, antes de adentrarmos mais profundamente no estudo da oratória, vamos examinar algumas técnicas de organização das ideias.

Primeiramente, temos de considerar de que forma exprimimos ideias e pensamentos. Quando reproduzimos na mente coisas reais ou irreais, as ideias reunidas formam o pensamento, de tal forma que cada ideia corresponde a uma palavra e cada pensamento, a uma frase. Palavra, portanto, é uma ideia falada ou escrita, e frase é um pensamento falado ou escrito. Oração é uma frase completa, com verbo, e o período é composto por uma ou mais orações.

Na construção do texto, vamos nos utilizar de um encadeamento de frases para exprimir algo. Existem alguns tipos de textos, cada um com as próprias características e objetivos. Entre os principais, destacamos os tipos relacionados no quadro a seguir.

Quadro 3.1 – Principais tipos de textos

Tipo de texto	Definição
Texto descritivo	Descreve um objeto, lugar, cena ou pessoa, valendo-se de detalhes sensoriais para criar uma imagem vívida na mente do leitor.
Texto narrativo	Conta uma história, com início, meio e fim. O objetivo é envolver o leitor em uma trama, utilizando personagens com personalidades e motivações próprias.
Texto dissertativo ou argumentativo	Apresenta uma opinião; faz uso de argumentos e exemplos para convencer o leitor daquela ideia.
Texto expositivo	Explica e esclarece determinado tema, sem envolver emoções ou opiniões pessoais do autor.
Texto injuntivo ou instrucional	Dá instruções ou indicações sobre a execução de alguma atividade, como uma receita culinária ou os procedimentos de uso de um equipamento.

Além desses tipos, não podemos deixar de citar os textos jornalísticos, publicitários, acadêmicos, entre outros, que são formas específicas de escrever no respectivo campo de atuação.

Ao comunicarmos pensamentos, podemos contar uma história (narrar), dar uma opinião (dissertar) ou fazer um retrato verbal (descrever). De fato, dissertar é o modelo mais complexo de organização do pensamento, posto que exige a emissão de uma opinião embasada em argumentos.

Vejamos, detalhadamente, as características de cada tipo textual.

3.1.1 Texto narrativo

O texto narrativo é um gênero textual em que o autor conta uma história, real ou ficcional. Esse tipo de texto apresenta uma sequência de eventos que acontecem em determinado tempo e espaço, com personagens que interagem entre si.

Geralmente, o texto narrativo é escrito em terceira pessoa, o que permite que o narrador conte a história de maneira mais objetiva, mas também pode ser redigido em primeira pessoa, caso em que o narrador é um personagem da própria história.

Muito comum em obras literárias, como romances, contos e novelas, o texto narrativo também pode ser encontrado no jornalismo, em biografias e nas histórias em quadrinhos, por exemplo. Compõe-se de elementos que estruturam a história e possibilitam que o leitor acompanhe a trama. Observe o quadro a seguir.

Quadro 3.2 – Elementos do texto narrativo

Elemento	Descrição
Enredo ou trama	Sucessão de eventos ou acontecimentos que compõem a história. É o que dá sentido e direção ao texto.
Personagens	Seres ficcionais que agem na trama. Podem ser qualquer coisa, de animais a seres humanos. Os personagens são responsáveis por impulsionar a história em direção ao seu clímax.
Espaço	Local em que a história se passa. Pode ser um lugar real ou fictício. O espaço também contribui para compor o clima e a atmosfera da história.
Tempo	Período em que a história se passa. Pode ser um tempo linear ou apresentar *flashbacks* e avanços no tempo.
Narrador	Voz que conta a história. Pode ser um personagem, um narrador em terceira pessoa ou até mesmo uma voz anônima. O narrador pode ser onisciente, ou seja, sabe tudo o que acontece, ou limitado, isto é, compartilha apenas o ponto de vista de um ou alguns personagens.
Tensão ou conflito	Obstáculo que o personagem enfrenta para alcançar seu objetivo. Um bom conflito é o que motiva a história e mantém o interesse do leitor.
Clímax	Momento de maior tensão do texto, o ponto culminante da história. É quando o conflito chega a seu ápice e se resolve.
Desfecho	Fechamento da história. Pode ser um final feliz, triste, surpreendente ou até mesmo aberto, deixando espaço para a imaginação do leitor.

Esses são os principais elementos do texto narrativo, que juntos criam uma trama coesa e envolvente.

O uso do texto narrativo na oratória pode ser uma ferramenta poderosa para prender a atenção do público e transmitir uma mensagem de forma eficaz. Ao contar uma história, o orador pode criar uma conexão emocional com a audiência e tornar o discurso mais memorável.

Para utilizar o texto narrativo na oratória, é importante considerar os seguintes pontos:

- » **Devemos escolher uma história relevante para o assunto**, alinhada com a mensagem que pretendemos transmitir. Por exemplo, se estamos falando sobre perseverança, podemos contar uma história de uma pessoa que superou grandes obstáculos para alcançar um objetivo.
- » **Devemos manter a atenção do público** com uma história cativante, que inclua elementos de tensão, desafios e superação. Podemos empregar variação de voz, expressões faciais e gestos, por exemplo.
- » **Devemos ser específicos e sucintos**, destacando os principais pontos da história e
- » evitando estendê-la por muito tempo, já que isso pode fazer com que a audiência se perca ou perca o interesse.
- » **Devemos fazer conexões com a mensagem principal do discurso**, conectando elementos da história com a lição que estamos tentando transmitir.
- » **Devemos concluir a história com uma mensagem clara**, para que a audiência entenda a relevância da história e aplique a lição em sua própria vida.

Portanto, o orador deve buscar histórias relevantes, autênticas e envolventes que possam cativar e inspirar sua audiência, fazendo a exposição de maneira sucinta e concluindo com uma mensagem objetiva.

3.1.2 Texto descritivo

O texto descritivo é um gênero textual em que o autor descreve algo ou alguém. *Descrever* é retratar, representar, detalhar ou pintar alguma coisa. Vejamos os elementos desse tipo de texto.

Quadro 3.3 – Elementos do texto descritivo

Elemento	Descrição
Objeto descrito	Pode variar bastante, de uma pessoa ou animal até um objeto inanimado. O foco principal do texto é a descrição do objeto retratado.
Características físicas	As características físicas e visíveis do objeto descrito são um dos principais elementos do texto descritivo. Isso inclui detalhes sobre aparência, cor, tamanho e forma do objeto.
Características sensoriais	Uma descrição detalhada pode explorar como o objeto se parece, cheira, soa, sente ou até mesmo o gosto que tem, dependendo do que está sendo descrito.
Contexto	Pode ser fundamental para o entendimento completo do objeto. Por exemplo, descrever um carro de luxo em uma estrada estreita e esburacada pode ter um significado diferente daquele obtido ao se descrever o mesmo veículo estacionado em um hotel de luxo.
Impressões e emoções	O objetivo do texto descritivo é transmitir não só o que o objeto parece, mas também como ele faz o escritor ou os possíveis personagens se sentirem. Descrever as emoções que o objeto causa pode ajudar a transmitir de forma mais clara sua importância e seu impacto na história.

Ao trabalhar com esses elementos, o escritor pode dar um sentido vívido ao objeto em questão, permitindo que o leitor visualize o que está sendo descrito. No entanto, vale lembrar que a descrição não deve ser excessiva, a ponto de tornar o texto maçante. Buscar um equilíbrio é fundamental.

Assim, a descrição é uma ferramenta importante na oratória, pois possibilita criar imagens visuais e sensoriais vívidas para a audiência. Ao descrever um objeto, pessoa ou lugar, o orador ajuda a audiência a visualizar claramente aquilo de que está falando, tornando o discurso mais envolvente e interessante.

Além disso, a descrição pode ser utilizada para capturar a atenção da audiência ao iniciar o discurso. Uma descrição cativante de um objeto ou lugar relacionado ao tema pode ser usada como uma técnica de engajamento para despertar o interesse na audiência e estabelecer uma conexão emocional.

A descrição ainda pode ser empregada para transmitir emoções e sentimentos de forma mais clara. Por exemplo, ao descrever um local como uma praia ao pôr do sol, o orador pode trazer à tona sentimentos de tranquilidade e admiração, criando uma conexão emocional.

A descrição é importante para a persuasão também, para mostrar as vantagens de algo e motivar o público a tomar uma atitude. Ao descrever detalhadamente as qualidades de um produto ou solução ou a situação atual e desejada de um problema – inserindo um tom persuasivo no discurso –, o orador pode fazer com que o público acredite no que está sendo dito e se sinta conectado ao que é proposto.

Em resumo, dominar a técnica da descrição é importante para o orador, especialmente para despertar o interesse do público e persuadi-lo a tomar alguma atitude.

3.1.3 Texto dissertativo

O texto dissertativo apresenta uma ideia, um ponto de vista ou uma perspectiva com o objetivo de influenciar e convencer o público. A dissertação é uma ferramenta importante na oratória, já que permite ao orador expor uma opinião de maneira clara e organizada, com argumentos sólidos e persuasivos, transmitindo informações complexas de forma simples.

Os principais elementos do texto dissertativo estão descritos no quadro a seguir.

Quadro 3.4 – Elementos do texto dissertativo

Elemento	Descrição
Tese	Afirmação central do texto. Deve ser clara, precisa e concisa e representar a opinião do autor sobre o assunto discutido.
Argumentação	Razões e fatos que sustentam a tese. O autor deve apresentar argumentos coerentes que confirmem a ideia central do texto, além de expor dados e exemplos para tornar o texto mais sólido.
Contra-argumentação	Possíveis objeções, contestações ou argumentos antagônicos à tese, apresentados pelo autor para provar a validade de suas razões.
Estilo	Forma como o autor se expressa, como usa as palavras e constrói as frases, a fim de tornar seu texto mais claro, direto e objetivo.
Coesão e coerência	Para que o texto fique claro e fácil de entender, é preciso que haja coesão entre as frases e coerência entre as ideias. O texto deve ser organizado de forma lógica e coerente, com frases ligadas entre si por conectivos adequados.
Conclusão	Etapa final do texto, em que o autor retoma a tese e reforça sua opinião sobre o assunto. É importante fazer uma síntese das ideias apresentadas e uma sugestão de caminhos para a evolução do tema proposto.

Esses elementos são essenciais para que o texto dissertativo seja coeso, coerente e persuasivo, possibilitando que o autor apresente sua opinião sobre determinado tema com argumentos sólidos e bem estruturados, aspectos importantes na oratória.

Ao estruturar o discurso como uma dissertação, o orador pode estabelecer uma tese clara no início da apresentação e usar argumentos para sustentá-la de forma lógica e coerente ao longo do discurso. Isso ajuda a audiência a entender melhor o ponto de vista do orador e a se envolver de maneira mais profunda com a mensagem que está sendo transmitida.

A dissertação também pode ser uma ferramenta poderosa de persuasão. Ao utilizar argumentos consistentes e lógicos, o orador pode convencer a audiência a adotar um ponto de vista diferente ou a realizar uma ação específica. Isso é particularmente importante quando o objetivo é influenciar a opinião sobre determinado assunto.

Ao dividir o discurso em partes bem estruturadas e apresentar informações de forma organizada e coerente, o orador pode ajudar a audiência a compreender melhor um assunto complexo, o que pode tornar o discurso mais envolvente e impactante.

3.1.4 Texto expositivo

Também conhecido como *texto científico* ou *didático*, o texto expositivo tem como objetivo explicar e apresentar informações sobre determinado assunto de forma objetiva e clara, sem opiniões pessoais ou posicionamentos políticos.

Vejamos os elementos principais do texto expositivo.

Quadro 3.5 – Elementos do texto expositivo

Elemento	Descrição
Introdução	Parte inicial do texto, que apresenta o assunto e o objetivo da exposição.
Desenvolvimento	Parte central do texto, que traz informações sobre o assunto de forma objetiva e organizada.
Conclusão	Parte final do texto, que contém as conclusões sobre o assunto apresentado, sem opiniões pessoais. É importante resumir as informações de maneira clara e objetiva.

O texto expositivo deve apresentar fatos e informações comprovadas, de fontes confiáveis. É utilizado para transmitir informações para o ensino em diversas áreas do conhecimento, o que inclui desde matérias escolares até artigos científicos e manuais técnicos. Esse tipo de texto busca esclarecer fatos, explicar conceitos e ensinar assuntos específicos.

Também pode ser empregado na oratória como uma forma de trazer informações claras e objetivas para a audiência. Nesse caso, não se trata de um texto escrito que será lido em voz alta, mas da estrutura e da organização dos argumentos e das informações apresentadas no discurso. O uso de recursos visuais, como gráficos, *slides* ou imagens, pode complementar as informações expostas.

Por fim, no desenvolvimento do discurso, é fundamental obedecer a uma sequência lógica, sem repetições ou contradições. O orador deve ser claro e direto, explorando conceitos e exemplos para ilustrar o que está sendo abordado.

3.1.5 Texto injuntivo ou instrucional

O texto injuntivo busca orientar o leitor na realização de determinada tarefa ou atividade. É comumente encontrado em manuais de instruções, receitas, tutoriais e guias práticos. Sua estrutura é composta de uma sequência de instruções, com verbos no modo imperativo e advérbios de tempo. A utilização de desenhos, imagens e ilustrações pode auxiliar na visualização das etapas da tarefa.

Esse tipo de texto deve ser objetivo e claro, de linguagem acessível e de fácil entendimento. As instruções devem ser organizadas em uma sequência lógica para que o leitor possa executá-las facilmente e com segurança. O emprego dos advérbios permite que o leitor acompanhe o passo a passo exposto.

O texto injuntivo pode ser utilizado pelo orador quando há a necessidade de orientar os ouvintes. Também pode ser adotado em treinamentos e *workshops* cujo objetivo seja ensinar competências práticas e ações específicas.

3.1.6 Tipos textuais e oratória

Agora que já vimos os principais tipos textuais, cabe observar que não devemos nos preocupar em utilizar apenas um deles em nossos textos ou discursos e em nosso dia a dia. Um bom orador emprega todas as possibilidades de discurso para criar um panorama claro e persuadir seu interlocutor.

Assim, o importante não é apenas saber dissertar. Devemos saber contar os fatos e fazer descrições precisas, além de argumentar com propriedade, evitando falhas de comunicação que levem a mal-entendidos.

Na era digital, em que o enorme incremento tecnológico facilitou a comunicação, está cada vez mais fácil a utilização de aplicativos, *smartphones*, *smart TVs*, computadores etc. para nos informarmos. Apesar da tecnologia, não fazemos uma boa comunicação sem bons comunicadores e não é incomum que, mesmo com acesso a todos esses recursos, as pessoas não consigam passar uma mensagem de forma clara.

Tendo em vista essa realidade, a seguir veremos como a organização das ideias pode auxiliar na comunicação.

3.2 Ordem das ideias

A ordem das ideias em um texto ou discurso é essencial para garantir a clareza e a fluidez do conteúdo, permitindo uma compreensão das informações de forma organizada e lógica. Portanto, antes de começar a escrever, é preciso relacionar as ideias que serão abordadas e definir em que ordem serão apresentadas. Isso ajuda a manter o foco e a coerência do discurso.

As ideias devem ter uma sequência lógica, constituindo blocos de informação coerentes. Cada parágrafo deve conter uma ideia central, desenvolvida com clareza e coesão entre as frases e depois entre os parágrafos. Para isso, é necessário empregar os conectivos adequados, que permitam ligar as ideias e estabelecer relações entre elas.

Conectivos são as palavras ou expressões que ligam frases, orações e parágrafos, permitindo a conexão de ideias. Exemplos: não só... mas também; *além disso*; *ademais*; *bem como*; *do mesmo modo*.

Esses aspectos farão com que o discurso seja compreendido mais facilmente, aumentando a capacidade de comunicação e tornando o conteúdo mais atraente para o público.

A seguir, veremos algumas técnicas que nos ajudam a organizar as ideias e, consequentemente, nosso discurso.

3.2.1 Perfil indutivo e perfil dedutivo

Os perfis indutivo e dedutivo constituem abordagens distintas para a tomada de decisões e resolução de problemas, baseadas na ordem natural do pensamento humano. O **pensamento indutivo** ocorre quando partimos do particular para o geral; o **pensamento dedutivo**, quando partimos do geral para o particular.

O **perfil indutivo** parte de informações específicas e busca uma conclusão geral. É um processo de raciocínio que vai do particular para o geral, ou seja, de observações e análises de casos específicos para chegar a uma conclusão mais ampla e abrangente. É uma abordagem que se baseia em evidências empíricas para a construção de um argumento.

Já o **perfil dedutivo** parte de uma conclusão geral e busca informações específicas para fundamentar essa conclusão. É um processo de raciocínio que vai do geral para o particular, ou seja, a partir de uma teoria ou hipótese, buscam-se evidências concretas para comprovar ou refutar essa hipótese. É uma abordagem que se baseia na lógica e na análise de premissas para a construção de um argumento.

Ambas as abordagens têm vantagens e desvantagens e podem ser aplicadas em diversas áreas do conhecimento. A escolha depende do objetivo e da natureza do discurso e do tipo de informação disponível. No método dedutivo, para montar um parágrafo, geralmente apresentamos o todo e depois as partes. Normalmente o tópico frasal (ideia principal) vem no início.

Vejamos como isso por meio de exemplos.

Figura 3.1.– Exemplo de discurso indutivo

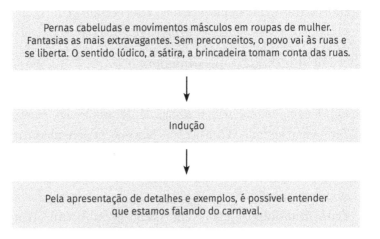

A forma mais comum de expor ideias, contudo, é a dedução.

Figura 3.2 – Exemplo de discurso dedutivo

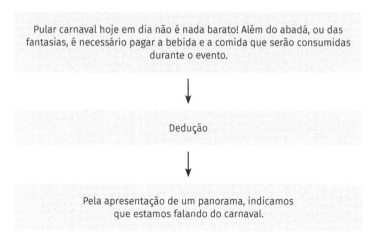

Portanto, os métodos indutivo e dedutivo podem ser utilizados para enriquecer o discurso e atrair a atenção da audiência.

3.2.2 Confrontação

Para a organização das ideias, é possível utilizar, também, processos comparativos que visam a uma avaliação ou confrontações de vozes (dialéticas) que demonstram opiniões divergentes ou envolvem refutações. A isso chamamos *comparação* ou *polarização dialética*.

Vejamos um exemplo de como essa técnica pode ser empregada:

> A insensibilidade completa de setores da elite da estrutura estatal, que nos últimos anos continuaram reivindicando e conseguindo privilégios em atitude de descolamento total em relação à realidade brasileira, deu as caras novamente em Brasília. Desta vez, foram os ministros do Supremo Tribunal Federal que, aproveitando-se

da conveniente faculdade de definir os próprios vencimentos, aprovaram de forma unânime um reajuste para si próprios. Seu salário passará dos R$ 39,3 mil atuais para pouco mais de R$ 46 mil até julho de 2024. [...]

O reajuste de 18% já é algo que, hoje, só existe nos sonhos da esmagadora maioria dos brasileiros, que com sorte conseguem a reposição da inflação. [...] (Gazeta do Povo, 2022)

Perceba que o texto apresenta um jogo dialético, apontando com ironia a realidade da maioria da população brasileira, em contraposição com a realidade dos ministros do Supremo Tribunal Federal (STF).

Essa técnica é frequentemente utilizada em áreas como psicologia, sociologia, antropologia e linguística para analisar e classificar elementos complexos, como comportamentos humanos, culturas e idiomas. O objetivo é analisar as características e estabelecer um sistema de categorias ou hierarquia de acordo com a semelhança ou a diferença entre os elementos.

Para realizar o ordenamento por confrontação, é necessário escolher um conjunto de elementos para serem analisados e comparados. Em seguida, devem ser estabelecidos critérios de avaliação, que podem incluir características como tamanho, forma, cor, comportamento, entre outras. Depois disso, é possível fazer a comparação dos elementos e começar a identificar padrões e diferenças. Essa análise pode ser elaborada em tabelas, gráficos ou outras formas de visualização, a fim de facilitar a identificação das semelhanças e das diferenças entre os elementos. Essa abordagem é útil em diversas áreas do conhecimento.

3.2.3 Ordem temporal ou espacial

A ordem temporal ou espacial é uma técnica que consiste em apresentar as informações em uma sequência lógica de tempo ou de espaço.

Nos textos ou discursos, é comum que seja necessário mencionar uma série de fatos encadeados no tempo e, quando essa necessidade surgir, o ideal é que sejam expostos na **ordem cronológica**.

Contudo, em algumas situações, é possível empregar a técnica de *feedback*, em que se faz o caminho inverso, do presente em direção ao passado. Esse recurso funciona especialmente quando o autor quer criar suspense, apresentando uma ocorrência central para depois regredir no tempo, com os fatos antecedentes.

Além disso, a ordem inversa pode ser usada para apresentar um fato presente com o intuito de discorrer sobre fatos anteriores, despertando a memória do leitor sobre os ocorridos mais antigos.

A **ordem espacial**, por sua vez, coloca as informações em uma sequência lógica de espaço, que pode ser geográfico, organizacional ou físico. Essa abordagem é frequentemente utilizada em guias turísticos, mapas e manuais. Por exemplo, no guia turístico de uma cidade, seria lógico começar pela apresentação da área central, seguida pelas regiões periféricas, com cada local em uma ordem espacial.

Quanto às descrições espaciais, o ideal é que se estabeleçam dos elementos mais próximos do observador para os mais distantes. De igual forma, é possível partir dos elementos mais distantes para os mais próximos, caso seja necessário.

Ambas as técnicas são úteis para guiar o leitor ou o ouvinte através das informações com clareza e objetividade. A escolha entre a ordem temporal ou espacial depende do objetivo do texto e do conteúdo. Em alguns casos, podem ser empregadas as duas técnicas para apresentar as informações de forma mais completa e organizada.

3.2.4 Relevância ou nexo causal

A ordem por relevância ou por nexo causal é uma técnica utilizada para organizar informações e ideias em um texto de forma que haja uma sequência lógica de **causa e efeito**. Ela permite que o autor explique as razões ou motivos que levaram a determinado acontecimento, problema ou situação, fazendo uma conexão clara entre as causas e os efeitos.

Para que haja coerência, como regra geral, é preciso partir do que for mais importante em direção ao menos importante, do mais relevante para o menos relevante e do maior para o menor, mantendo-se o nexo lógico.

Assim, a organização do texto em ordem por nexo causal requer um planejamento cuidadoso, a fim de que o autor apresente as informações de forma clara e objetiva.

Em um primeiro momento, o autor deve identificar a causa principal do problema ou situação de maneira clara já no início do texto, para que o leitor possa compreender sua importância e aquilo que será discutido a partir dali. Em seguida, deve explicar as causas secundárias, aquelas que contribuem para a causa principal, fazendo uma conexão lógica entre elas. Depois, deve apresentar os efeitos, esclarecendo as consequências da causa principal e das causas secundárias e estabelecendo a relação de causa e efeito de forma clara.

Por fim, é importante organizar as informações de forma lógica, em uma ordem que permita ao leitor compreender facilmente a relação entre causas e efeitos.

Um exemplo de texto organizado por **relevância** seria um artigo sobre os efeitos das mudanças climáticas. O autor poderia começar destacando os impactos mais significativos, como o aumento das temperaturas globais, o derretimento das calotas polares e a intensificação de eventos climáticos extremos. Em seguida, poderia abordar outros efeitos relevantes, como a elevação do nível do mar e a perda de biodiversidade. Para fechar, poderia mencionar as possíveis medidas de mitigação e adaptação que estão sendo adotadas.

Já um texto organizado por **nexo causal** poderia ser um ensaio sobre a Revolução Industrial. O autor poderia começar explicando as condições socioeconômicas que fizeram com que o movimento surgisse, como o acúmulo de capital, o avanço tecnológico e as mudanças nas relações de trabalho. Em seguida, poderia abordar as principais invenções e descobertas que impulsionaram a Revolução Industrial, como a máquina a vapor e o processo de produção em massa. Por fim, poderia discorrer sobre as consequências desse evento histórico, tais como o crescimento urbano, as transformações nas relações de poder e as desigualdades sociais.

Tanto na ordem por relevância quando na ordem por nexo causal, o leitor podeacompanhar uma sequência lógica e compreender a relação entre os elementos abordados no texto.

3.3 Criação de um projeto de texto

A seguir, veremos como organizar um projeto de texto e, consequentemente, afiar nossa capacidade de organizar o pensamento. Além disso, veremos como definir uma tese e, então, como desenvolver bons argumentos para embasar o ponto de vista escolhido.

Tese é a ideia defendida no texto, relacionada ao tema e apoiada em argumentos. Argumentos, por sua vez, são as justificativas para convencer o leitor/ouvinte a concordar com a tese defendida. Cada argumento deve responder à pergunta "por quê?" em relação à tese defendida.

Vamos nos utilizar de duas técnicas fundamentais:

- » *brainstorming* ("chuva de pensamentos") sobre os possíveis pontos de vista acerca de um problema específico;
- » projeto de texto.

Para quem precisa mediar e conciliar conflitos, deve haver flexibilidade para conduzir as partes à melhor solução de um problema. Isso significa pensar em argumentos e em pontos de vista que, via de regra, não foram pensados pelas partes.

Assim, enquanto a maioria das pessoas tende a se fechar em torno de um posicionamento, o bom mediador deve saber refletir acerca de diversos pontos de vista, reunindo argumentos para chegar a uma posição plausível e que, após concessões recíprocas, culmine na melhor resolução.

Aqui reside a importância de saber organizar os argumentos e os pontos de vista, bem como de dispô-los de uma maneira acessível às partes. Por isso, veremos também técnicas para que sejam mantidas a coerência e a coesão do discurso, a fim de possibilitar que a comunicação seja clara, direta, articulada e sem inconsistências.

3.3.1 Organização do projeto de texto

Para garantir o sucesso na redação do discurso, devemos fazer duas coisas antes de começar a escrever: *brainstorming* e estrutura do projeto de texto.

Brainstorming, também conhecido como *tempestade de ideias*, é uma técnica criativa utilizada para gerar uma grande quantidade de ideias em um curto período de tempo. Pode ser usado para resolver problemas, encontrar soluções inovadoras ou desenvolver novos conceitos.

Para começar um *brainstorming*, devemos definir um objetivo ou problema, pensar exatamente no que queremos alcançar ou resolver.

Depois, fazemos uma lista de ideias. Não há problema em listar todas as ideias que vêm à mente, mesmo que pareçam absurdas ou improváveis. Podemos adotar técnicas específicas para estimular a criatividade, a saber:

» *Brainstorming* reverso: em vez de pensar em soluções, pensar em maneiras de tornar o problema pior. Em seguida, inverter essas ideias para encontrar soluções.

» Mapa mental: criar um mapa visual de ideias interconectadas usando palavras-chave e diagramas.

» Análise SWOT: avaliar pontos fortes, pontos fracos, oportunidades e ameaças relacionados ao objetivo ou problema.

» Associação livre: começar com uma palavra-chave relacionada ao objetivo e associar livremente palavras, conceitos e ideias que vêm à mente.

Na sequência, devemos revisar e avaliar cada uma das ideias listadas, eliminando as menos viáveis e focando as mais promissoras. Com as ideias selecionadas, é hora de detalhar, criar planos de ação e visualizar como podem ser implementadas.

Além disso, existe a fase de montagem do projeto de texto. Inicialmente, devemos saber que, no projeto de texto, são definidos:

» os argumentos que serão utilizados na defesa da tese;
» quando eles serão inseridos no texto;
» qual a melhor ordem para apresentá-los.

Isso deve ser considerado para que o texto seja lógico, bem articulado, claro e coerente. Para a redação de um texto dissertativo-argumentativo, devemos obrigatoriamente:

» apresentar uma tese;
» desenvolver justificativas para comprovar essa tese;
» apresentar uma conclusão que dê um fecho à discussão elaborada no texto, compondo o processo argumentativo.

O interlocutor precisa compreender o encadeamento dos argumentos; logo, o discurso deve ter organização e estrutura, ou seja, proposição, desenvolvimento e conclusão. Propomos que você utilize uma estrutura básica que vai ajudar a organizar melhor as ideias.

No exemplo que apresentaremos aqui, o texto é composto por introdução, parágrafos de desenvolvimento e conclusão, como consta no quadro a seguir.

Quadro 3.6 – Estrutura de um texto

TEMA: TESE:
INTRODUÇÃO *Apresentar a tese.*
PARÁGRAFO 1 *Apresentar argumento 1.*
PARÁGRAFO 2 *Apresentar argumento 2.*
CONCLUSÃO *Conjunção conclusiva e fechamento das ideias.*

Como os discursos costumam tratar de um problema, é necessário, ainda, utilizar estratégias argumentativas para expor o problema discutido no texto e detalhar os argumentos empregados. O discurso, portanto, deve ser preenchido com texto de qualidade e argumentos sólidos.

Uma das maiores dificuldades na hora de escrever está na correta identificação do tema, na definição da tese e, principalmente, na defesa de argumentos. O projeto do texto, assim, é o planejamento do discurso. É no projeto que organizamos as ideias do *brainstorming*, selecionando os argumentos a serem empregados no texto.

O passo a passo do raciocínio para desenvolver o texto está exposto no quadro a seguir.

Quadro 3.7 – Passo a passo do desenvolvimento do texto

Etapa	Descrição
1	Identificação do problema.
2	Compreensão do tema.
3	Posicionamento em uma tese.
4	Definição de argumentos para defender a tese.
5	Detalhamento dos argumentos.

Assim, **a tese é a posição que você vai assumir perante o problema**.

Como exemplo, considere a seguinte situação, bastante comum: animais em condomínios. Um cachorro de grande porte está causando problemas em um condomínio, porque, quando os donos saem para trabalhar, ele passa o dia uivando. Além disso, o gato de um condômino do térreo passeia livremente pelas áreas comuns do prédio, fazendo suas necessidades na grama. Essas situações estão causando discórdia entre os moradores; os mais radicais, incluindo o síndico, querem proibir a posse de animais de estimação.

Você acha que um condomínio pode proibir que os moradores tenham animais de estimação? Sim ou não?

Vejamos como organizar as ideias no próximo quadro. As perguntas entre parênteses orientam a definição de cada item da estrutura.

Quadro 3.8 – Exemplo de organização das ideias: animais em condomínio

Assunto	Posse de animais em condomínio (Qual é o assunto?)
Tema	Proibição da posse de animais em condomínio (Dentro do assunto, qual é exatamente o tema?)
Problema	Alguns moradores querem proibir a posse de animais de estimação no condomínio; outros não querem. (Qual é o problema?) Não existe lei que proíba a posse de animais de estimação nos condomínios, mas a posse de animais é motivo de briga entre os condôminos. (Por que é um problema?)
Causas do problema	Falta de regras claras nos condomínios acerca da posse de animais. (Quais são as causas do problema?)
Possíveis soluções	Sim – proibição da posse– r egulação da posse. Não – a posse é livre. (Há solução? Quais?)
Escolha da solução	Regras específicas acerca da posse de animais em condomínios, conciliando os moradores. (Como e por que colocar a solução em prática?)
Efetividade da proposta	(Esta proposta pode resolver ou amenizar o problema?)

Vamos pensar: Que argumentos são contrários à posse de animais em condomínios? E quais são favoráveis? Observe o quadro a seguir.

Quadro 3.9 – Ideias de argumentação

Argumentos a favor da proibição	Argumentos contra a proibição
Os animais ficam confinados. Os animais perturbam o sossego. Os condôminos podem decidir por maioria sobre o que é melhor.	A lei garante que os proprietários podem usar os bens livremente. Os animais podem ser adestrados. A posse de animais pode ocorrer sob determinadas regras.

Perceba que conseguimos pensar em vários bons argumentos tanto favoráveis quanto contrários acerca do tema proposto.

Esses argumentos devem ser trabalhados para chegarmos à melhor solução possível para o conflito.

Ao fazer essa análise, na introdução de seu texto, você deve deixar clara qual é sua tese. Se você é a favor da proibição de animais, escolha os melhores argumentos da primeira coluna e os distribua entre os parágrafos. Se você é contra a proibição, selecione os melhores argumentos da segunda coluna e também os distribua entre os parágrafos.

3.4 Coerência

O bom orador é aquele que defende uma deia com argumentos sólidos e que justifica logicamente a posição assumida em relação à temática do discurso. Assim, ele cuida da inteligibilidade do texto, ou seja, da coerência e da plausibilidade das ideias e dos argumentos apresentados.

A **coerência** se estabelece por meio das ideias apresentadas no texto e dos conhecimentos dos interlocutores, garantindo a construção do sentido de acordo com as expectativas do leitor. Está, pois, ligada ao entendimento, à possibilidade de interpretação dos sentidos do texto. O leitor pode compreender o texto, refletir a respeito das ideias nele contidas e, em resposta, reagir de maneiras diversas: aceitar, recusar, questionar e até mesmo mudar seu comportamento em face das ideias do autor, compartilhando ou não de sua opinião.

Para atingirmos a coerência, voltamos à necessidade do *brainstorming* e do planejamento prévio à escrita. Precisamos passar por essas etapas para podermos construir um discurso coerente.

Nele, deve existir relação de sentido entre as partes. Isso significa que o texto deve ser logicamente construído, bem costurado, coeso. Portanto, no texto bem escrito, os parágrafos se interligam, os argumentos são bem desenvolvidos, as ideias não são apenas "jogadas", mas são explicadas.

Além disso, é necessário que haja precisão vocabular, ou seja, as palavras devem ser empregadas em seu sentido correto, os termos devem ser bem colocados.

Um exemplo é o uso dos sinônimos *ósculo* e *beijo*. Dependendo de a quem se dirige o texto, o emprego de *ósculo* pode demonstrar que você não sabe utilizar corretamente o vocabulário. Pense na seguinte manchete de jornal: "No carnaval, é proibido oscular à força". Você percebe como o termo tem o significado correto, mas está completamente inadequado?

Além dessa precisão vocabular, a seleção de argumentos é fundamental. Um texto cheio de argumentos fracos, clichês e senso comum não será efetivo. Os bons argumentos devem ser expostos com adequada progressão temática no desenvolvimento do tema. Isso quer dizer que, quando o leitor ou o ouvinte recebe o discurso, percebe que este foi planejado (*brainstorming*, projeto de texto), de tal forma que as ideias são apresentadas em uma ordem lógica e coerente.

Sabe aquele texto bagunçado, que vai e volta? Aquele cheio de ideias que não são explicadas? Ou aquelas pessoas que falam muito sem conseguir se fazer entender? Não podemos ser esse tipo de orador.

Para nos fazermos entender, devemos ter em mente as orientações do quadro a seguir.

Quadro 3.10 – Como manter a coerência

Vá direto ao ponto.	A não ser que você se utilize de uma estratégia diferente, a melhor forma de começar um discurso é apresentando sua tese, sua opinião sobre o tema.
Tese + argumentos.	Depois de realizar o *brainstorming*, selecione os melhores argumentos que sustentam a tese por você defendida.
Planejamento.	Planeje os parágrafos de forma que cada um apresente informações coerentes, sem repetições ou saltos temáticos.
Convença o leitor.	Explique seus argumentos de forma a justificar para o leitor o ponto de vista escolhido.

3.5 Coesão

Você já leu um texto que parecia um Frankenstein, em que um parágrafo não se ligava ao outro, em que as frases pareciam desconexas?

É justamente esse tipo de texto e discurso que devemos evitar, prezando pela estruturação lógica e formal. Ou seja, seu texto deve estar bem construído, bem costurado! Deve estar de tal forma organizado que as frases e os parágrafos se relacionem entre si, em um encadeamento lógico de ideias.

É necessário, portanto, articular adequadamente as ideias. Para isso, devemos empregar determinadas palavras que permitam demonstrar essa articulação. Preposições, conjunções, advérbios e locuções adverbiais são as responsáveis pela coesão do texto, porque estabelecem uma inter-relação entre orações, frases e parágrafos, dando a sensação de continuidade. Veja os principais conectivos no quadro a seguir.

Quadro 3.11 – Principais conectivos

Prioridade, relevância:	em primeiro lugar, antes de mais nada, antes de tudo, em princípio, primeiramente, acima de tudo, precipuamente, principalmente, primordialmente, sobretudo, a priori, a posteriori
Tempo (frequência, duração, ordem, sucessão, anterioridade, posterioridade):	então, enfim, logo, logo depois, imediatamente, logo após, a princípio, no momento em que, pouco antes, pouco depois, anteriormente, posteriormente, em seguida, afinal, por fim, finalmente, agora, atualmente, hoje, frequentemente, constantemente, às vezes, eventualmente, por vezes, ocasionalmente, sempre, raramente, não raro, ao mesmo tempo, simultaneamente, nesse ínterim, nesse meio tempo, nesse hiato, enquanto, quando, antes que, depois que, logo que, sempre que, assim que, desde que, todas as vezes que, cada vez que, apenas, já, mal, nem bem
Semelhança, comparação, conformidade:	igualmente, da mesma forma, assim também, do mesmo modo, similarmente, semelhantemente, analogamente, por analogia, de maneira idêntica, de conformidade com, de acordo com, segundo, conforme, sob o mesmo ponto de vista, tal qual, tanto quanto, como, assim como, como se, bem como
Condição, hipótese:	se, caso, eventualmente, desde que, ainda que
Adição, continuação:	além disso, demais, ademais, outrossim, ainda mais, ainda por cima, por outro lado, também, e, nem, não só... mas também, não só... como também, não apenas... como também, não só... bem como, com, ou (quando não for excludente)
Dúvida:	Talvez, provavelmente, possivelmente, quiçá, quem sabe, é provável, não é certo, se é que
Certeza, ênfase:	de certo, por certo, certamente, indubitavelmente, inquestionavelmente, sem dúvida, inegavelmente, com certeza
Surpresa, imprevisto:	inesperadamente, inopinadamente, de súbito, subitamente, de repente, imprevistamente, surpreendentemente
Ilustração, esclarecimento:	por exemplo, só para ilustrar, só para exemplificar, isto é, quer dizer, em outras palavras, ou por outra, a saber, ou seja, aliás
Propósito, intenção, finalidade:	com o fim de, a fim de, com o propósito de, com a finalidade de, com o intuito de, para que, a fim de que, para, como

(quadro 3.11 - continua)

(quadro 3.11 - conclusão)

Lugar, proximidade, distância:	perto de, próximo a/de, junto a/de, dentro, fora, mais adiante, aqui, além, acolá, lá, ali, este, esta, isto, esse, essa, isso, aquele, aquela, aquilo, ante, a
Resumo, recapitulação, conclusão:	em suma, em síntese, em conclusão, enfim, em resumo, portanto, assim, dessa forma, dessa maneira, desse modo, logo, pois (entre vírgulas), dessarte, destarte, assim sendo
Causa e consequência. Explicação:	por consequência, por conseguinte, como resultado, por isso, por causa de, na medida em que, em virtude de, de fato, com efeito, tão (tanto, tamanho)... que, porque, porquanto, já que, uma vez que, visto que, como (= porque), logo, que (= porque), de tal sorte que, de tal forma que, haja vista, pois (anteposto ao verbo)
Contraste, oposição, restrição, ressalva:	pelo contrário, em contraste com, salvo, exceto, menos, mas, contudo, todavia, entretanto, no entanto **Ressalva:** embora, apesar de, ainda que, mesmo que, posto que, posto, conquanto, se bem que, por mais que, por menos que, só que, ao passo que
Ideias alternativas:	Ou, ou... ou, quer... quer, ora... ora, seja... seja, já... já, nem... nem
Proporcionalidade:	à proporção que, à medida que, ao passo que, quanto mais, quanto menos

Fonte: Marins, 2023, grifo do original.

Além do texto fragmentado, no estilo Frankenstein, outro erro muito comum é citar dados sem explicá-los, compará-los e desenvolvê-los.

Um meio de deixar o texto mais elegante e não repetitivo é empregar as seguintes estratégias de coesão para se referir a elementos que já foram citados anteriormente:

» substituição de termos ou expressões por pronomes pessoais, possessivos e demonstrativos, advérbios que indicam localização ou artigos;
» substituição de termos ou expressões por sinônimos, hipônimos, hiperônimos ou expressões resumitivas;

» substituição de substantivos, verbos, períodos ou fragmentos do texto por conectivos ou expressões que resumam e retomem o que já foi dito;
» elipse ou omissão de elementos que já tenham sido citados ou que sejam facilmente identificáveis.

Resumindo, devemos evitar:

» sequência justaposta de palavras e períodos sem articulação;
» ausência total de parágrafos;
» emprego de conectivo (preposição, conjunção, pronome relativo, alguns advérbios e locuções adverbiais) que não estabeleça relação lógica entre dois trechos do texto e prejudique a compreensão da mensagem;
» repetição ou substituição inadequada de palavras, sem usar os recursos oferecidos pela língua (pronome, advérbio, artigo, sinônimo).

3.6 Construção do parágrafo

O parágrafo é a unidade básica de composição do texto. É um segmento textual que aborda um ponto temático específico (tópico). Cada parágrafo deve tratar de um ponto do tema. Não devemos abordar mais de um tópico no mesmo parágrafo e cada tópico a ser abordado deve ser definido já no projeto de texto.

Cada parágrafo deve conter um ou mais períodos também articulados, ou seja, cada ideia nova precisa ter relação com as anteriores. Os parágrafos devem ter uma continuidade entre si. Por isso, sugerimos o uso de **frases curtas**.

O parágrafo deve ser enunciado por um **tópico frasal**, que é a ideia, o pensamento mais importante desse parágrafo. Geralmente, vem no início do parágrafo e pode conter uma ou mais orações. O tópico frasal não é obrigatório, mas pode deixar o texto mais claro e coeso.

Após o tópico frasal, segue-se o **desenvolvimento** do parágrafo, isto é, orações secundárias que procuram explicar melhor, complementar o tópico frasal.

Por fim, na **conclusão** do parágrafo consta o resultado a que se chega.

Figura 3.3 – Estrutura do parágrafo

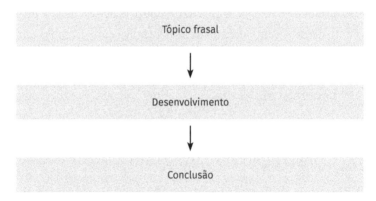

Vejamos um exemplo:

> É fato que a tecnologia revolucionou a vida em sociedade nas mais variadas esferas, a exemplo da saúde, dos transportes e das relações sociais. No que concerne ao uso da internet, a rede potencializou o fenômeno da massificação do consumo, pois permitiu, por meio da construção de um banco de dados, oferecer produtos de acordo com os interesses dos usuários. (Costa, 2019)

No parágrafo anterior, podemos identificar:

- » **Tópico frasal**: "É fato que a tecnologia revolucionou a vida em sociedade nas mais variadas esferas, a exemplo da saúde, dos transportes e das relações sociais."
- » **Desenvolvimento**: "No que concerne ao uso da internet, a rede potencializou o fenômeno da massificação do consumo, [...]"
- » **Conclusão**: "[...] pois permitiu, por meio da construção de um banco de dados, oferecer produtos de acordo com os interesses dos usuários."

PARA SABER MAIS

Precisando treinar redação? Consulte a seguinte obra: ANDRADE, M. M. D. **Guia prático de redação**: exemplos e exercícios. 3. ed. São Paulo: Atlas, 2011.

SÍNTESE

Neste terceiro capítulo, vimos como organizar um projeto de texto e como escrever um bom texto a partir de tal projeto. Para isso, analisamos os diversos tipos de textos, os perfis de pensamento indutivo e dedutivo, o ordenamento por confrontação, a ordem temporal e espacial e a ordem por relevância ou por nexo causal.

Depois, vimos que, para criar um projeto de texto, é preciso identificar o assunto, o tema, a tese, o problema, os argumentos, enfim, organizar o pensamento para passar a mensagem de forma clara e coerente. Ao final, abordamos a coesão textual e a paragrafação.

Nosso objetivo foi mostrar que a escrita é fundamental para a oratória e que o bom orador é, também, um bom escritor.

Questões para revisão

1) Sobre os tipos de textos, relacione as colunas a seguir:

1. Texto descritivo
2. Texto narrativo
3. Texto dissertativo ou argumentativo
4. Texto expositivo
5. Texto injuntivo ou instrucionaApresenta instruções ou indicações sobre a execução de alguma atividade, como no caso de uma receita culinária ou de procedimentos de uso de um equipamento, entre outros.

( ) Conta uma história, com início, meio e fim. O objetivo é envolver o leitor em uma trama, utilizando personagens com personalidades e motivações próprias.

( ) Apresenta uma opinião do autor sobre algum tema, utilizando-se de argumentos e exemplos para convencer o leitor daquela ideia.

( ) Tem como objetivo esclarecer informações sobre determinado tema, sem envolver emoções ou opiniões pessoais do autor.

( ) Tem como objetivo descrever um objeto, lugar, cena ou pessoa, utilizando-se de detalhes sensoriais para criar uma imagem vívida na mente do leitor.

Agora, marque a alternativa que contém a sequência correta:

a. 5, 3, 4, 1, 2.
b. 3, 5, 4, 2, 1.
c. 5, 2, 3, 4, 1.
d. 4, 3, 2, 5, 1.
e. 1, 2, 3, 4, 5.

2) O perfil indutivo e o perfil dedutivo são abordagens distintas para a tomada de decisões e a resolução de problemas, ou seja, a ordem natural do pensamento humano se divide em dois aspectos gerais: indutivo e dedutivo.

Marque I para pensamento indutivo e D para pensamento dedutivo:

( ) Ocorre quando se parte do singular para o geral.

( ) Ocorre quando se parte do geral para o particular.

( ) É uma abordagem que se baseia em evidências empíricas para a construção de um argumento.

( ) É uma abordagem que se baseia na lógica e na análise de premissas para a construção de um argumento.

Agora, marque a alternativa que contém a sequência correta:

a. I, D, I, D.

b. D, I, D, I.

c. I, I, D, .D

d. D, D, I, I.

e. I, I, I, D.

3) A ordem por nexo causal ou por relevância é uma técnica utilizada para organizar informações e ideias em um texto de forma que haja uma sequência lógica de causa e efeito.

Sobre o tema, analise as assertivas a seguir e assinale V para verdadeiro e F para falso:

( ) Essa técnica permite que o autor explique as razões ou motivos que levaram a determinado acontecimento, problema ou situação, fazendo uma conexão clara entre as causas e os efeitos.

( ) Para que haja coerência, como regra geral, devemos partir do que for menos importante em direção ao mais importante.

( ) A organização do texto por nexo causal requer um planejamento cuidadoso, a fim de permitir que o autor apresente as informações de forma clara e objetiva.

Agora, marque a alternativa que contém a sequência correta:

a. V, V, V.

b. F, V, F.

c. F, F, V.

d. V, F, V.

e. F, F, F.

4) Leia o texto a seguir:

A convivência entre os vizinhos em um condomínio nem sempre é fácil. Afinal, são famílias com hábitos e costumes diferentes que precisam compartilhar decisões, paredes e os espaços comuns do prédio. Nesse momento, podem surgir atritos por causa de situações como excesso de barulho e desrespeito ao espaço do outro. [...]

Para o presidente do Sindicato Patronal de Condomínios (Sipces-ES), Gedaias Freire da Costa, o primeiro passo é buscar o diálogo, ou seja, conversar escutando sempre o outro lado. "Não dá para tomar uma posição ouvindo somente uma parte. Se olhar só um lado da informação, pode não ser verdadeiro. Também não pode tomar partido. E, depois, deve adotar as providências cabíveis, de acordo com as normas internas do condomínio", orienta.

Ele aponta que os principais conflitos em condomínios envolvem excesso de barulho e situações relacionadas às vagas de garagem. Gedaias explica que, nessas situações, o que o síndico deve fazer é ser um mediador, e propor uma solução.

Fonte: BRIGAS entre vizinhos: como o síndico deve agir? **A Gazeta**, 2 dez. 2019. Disponível em: <https://www.agazeta.com.br/imoveis/brigas-entre-vizinhos-como-o-sindico-deve-agir-1219>. Acesso em: 29 ago. 2023.

Após a leitura, identifique os seguintes elementos do texto:

» Tema:

_____

» Tese:

_____

» Principal argumento:

_____

5) Explique como podemos melhorar a coesão de um texto.

QUESTÃO PARA REFLEXÃO

1) Analise o caso hipotético a seguir:

Tema: Animais em condomínios

Problema: Um cachorro de grande porte está causando alguns problemas em um condomínio, porque, quando os donos saem para trabalhar, passa o dia uivando. Além disso, o gato de um condômino residente no andar térreo passeia livremente pelas áreas comuns do prédio, fazendo suas necessidades na grama.

Essas situações estão causando discórdia entre os moradores, e os mais radicais, incluindo o síndico, querem proibir a posse de animais de estimação.

Você acha que um condomínio pode proibir que os moradores tenham animais de estimação?

» Se você é contra a proibição de animais em condomínios, escreva um texto de 10 linhas com argumentos favoráveis à proibição.
» Se você é a favor da proibição de animais em condomínios, escreva um texto de 10 linhas com argumentos favoráveis à posse de animais.

Parece difícil, não é mesmo? Mas temos, neste caso, um ótimo exercício para melhorar a oratória e a capacidade de argumentação.

IV

Roteiro de fala e organização do discurso

CONTEÚDOS DO CAPÍTULO:

» Planejamento do roteiro de fala.
» Objetivo geral e objetivos específicos da fala.
» Planejamento e organização do discurso.
» Roteiro de fala aberto e fechado.

APÓS O ESTUDO DESTE CAPÍTULO, VOCÊ SERÁ CAPAZ DE:

1. planejar um roteiro de fala aberto ou fechado;
2. organizar um discurso.

O presente capítulo vai tratar do planejamento e da estruturação do discurso, começando pela elaboração do roteiro de fala. O roteiro de fala se assemelha ao plano de redação, mas com especificidades próprias, de tal forma que serve como mais uma ferramenta de organização do pensamento, a fim de facilitar a fala do orador.

Ainda nessa toada, para organizar o discurso, veremos como identificar o objetivo geral e os objetivos específicos, de modo que o roteiro de fala seja efetivo e gere melhores resultados, com os olhos do orador sempre voltados à consecução dos objetivos.

Em seguida, vamos abordar os roteiros de fala abertos e fechados: o roteiro fechado é indicado, por exemplo, para palestras em que há apenas o orador e o público; já o fechado, para debates, entrevistas e demais situações em que o orador pode ser interrompido, questionado, confrontado.

Por fim, o último tema diz respeito especificamente à organização do discurso: como organizar as ideias do orador de forma lógica, a fim de que consiga transmitir a mensagem de maneira clara e correta.

4.1 Planejamento do roteiro de fala

Um roteiro de fala é um documento que serve como um mapa ou guia para uma apresentação pública ou discurso. Na prática, é um conjunto de ideias organizadas em uma estrutura que ajuda o orador a transmitir sua mensagem com clareza e eficácia.

O objetivo principal de um roteiro de fala é fornecer um norte para o orador, de maneira que ele consiga se comunicar de forma mais objetiva e otimizada com o seu público. Ele ajuda o orador a planejar quais ideias vai apresentar, como vai fazer isso e quais pontos-chave vai abordar.

Vimos, anteriormente, como organizar o pensamento, definir uma tese, selecionar argumentos e, também, como traçar um plano de redação. Agora, veremos como funciona o planejamento do roteiro de fala, pois, depois de organizar o **pensamento**, é hora de planejar a **fala**.

Contudo, antes de tratarmos do roteiro de fala propriamente, precisamos observar alguns aspectos em particular.

4.1.1 Domínio do assunto

O orador deve dominar o assunto sobre o qual pretende falar. Ninguém conseguirá bons argumentos nem ser convincente apoiando-se no senso comum ou desconsiderando nuances e detalhes sobre o tema a ser exposto.

O domínio do assunto aumenta a credibilidade do orador com o público e, consequentemente, há mais chance de persuadi-lo. Além disso, a comunicação flui melhor, uma vez que é possível ser mais claro e objetivo na exposição.

O orador ainda pode antecipar possíveis perguntas e dúvidas do público, o que facilita na hora de responder com clareza e assertividade. Isso também contribui para que se mantenham a calma e a confiança durante a exposição, pois quem está bem preparado dificilmente será surpreendido com perguntas muito inesperadas.

Logo, é essencial estudar e preparar-se bem antes de fazer uma apresentação, palestra ou discurso. Quanto mais o orador conhecer o assunto, mais confiante ficará na hora de falar e melhor será sua *performance*.

4.1.2 Fala de improviso

Falar de improviso pode ser desafiador, porém também pode ser uma habilidade muito importante. Algumas pessoas são naturalmente melhores ao falar de improviso do que outras, mas, com prática e preparação, é possível melhorar. O orador deve se desenvolver tanto para falar de improviso quanto para falar de forma planejada.

Para isso, como já vimos, o primeiro passo é conhecer bem o assunto sobre o qual se vai falar. Quanto mais preparado o orador estiver, mais fácil será improvisar e lidar com possíveis imprevistos. Também é importante manter a calma e a confiança. O orador deve se concentrar no momento presente, evitando preocupar-se com o que pode dar errado.

A estrutura do discurso deve ser simples e clara. O ideal é começar definindo o tópico principal e, em seguida, apresentar os pontos principais, de forma objetiva e concisa.

Além disso, é fundamental ouvir o público e manter contato visual. Dessa maneira, o orador pode ajustar sua fala e adaptá-la às necessidades e aos interesses do público.

Por fim, a prática é a chave para a melhoria. Devemos nos aproveitar de qualquer oportunidade para falar em público e praticar as habilidades de improviso. Com tempo e dedicação, é possível tornar-se um excelente orador de improviso.

4.1.3 A importância do relacionamento com o público

A oratória é a arte de transmitir ideias com o objetivo de influenciar um público. Assim, se o orador não sabe quem exatamente quer influenciar, é impossível ter sucesso com a sua fala ou o seu discurso.

Caso se trate de pessoas que conhecem o assunto, o orador se dirigirá a elas com um vocabulário; caso sejam pessoas leigas, será necessário utilizar outro vocabulário, mais acessível. É preciso considerar, ainda, a faixa etária, os valores culturais e outras características da plateia na hora de preparar a apresentação.

Uma vez identificado o público, é necessário, também, que o público se identifique com o orador e se sinta confortável em sua presença.

Vejamos algumas recomendações:

» Usar a linguagem correta do ponto de vista léxico e gramatical.

» Falar pausadamente, ter boa dicção, falar com o volume adequado.

» Ter boa postura.

» Evitar termos excessivamente complexos e prestar atenção à reação da plateia. Apoiar-se em exemplos, contar histórias e empregar recursos retóricos para que o público possa colher elementos que facilitem a compreensão do que está sendo dito.

» Tendo isso em mente, é hora de traçar, efetivamente, um roteiro de fala. Para tanto, é essencial saber exatamente o que se quer com o discurso – o objetivo geral e os objetivos específicos. A seguir, veremos como seguir esse caminho.

4.2 Roteiro de fala: identificação do objetivo geral

Objetivo geral é o que o orador pretende alcançar com a sua fala. Qual é o tema? Qual é a mensagem que deseja transmitir ao público? Qual é o resultado que espera alcançar com a apresentação?

Em seguida, é preciso definir os **principais tópicos** que serão abordados, os quais devem ser **organizados de forma lógica e coerente**, seguindo uma estrutura que leve o público a acompanhar a apresentação facilmente.

Também é importante determinar as **palavras-chave** dos principais conceitos e ideias apresentados na fala. As palavras-chave devem ser claras, diretas e compreensíveis para o público.

Finalmente, é necessário incluir na apresentação os **elementos** que ajudarão a conectar a fala com o público. Uma forma é relacionar o que está sendo dito com possíveis experiências pessoais dos ouvintes, para deixá-los mais interessados em prestar atenção ao que está sendo dito.

De qualquer forma, um roteiro de fala não precisa ser seguido à risca. Ele é apenas um guia para ajudar o orador a organizar suas ideias e a manter o foco na apresentação. O mais importante é transmitir uma mensagem clara e eficaz ao público.

Para exemplificar, vamos imaginar que você esteja mediando uma briga entre os condôminos em razão do excesso de barulho. Seu objetivo geral é apaziguar os ânimos e, com argumentos e ponderações, chegar a uma solução razoável e justa.

Perceba que temos um problema que precisa de solução. O objetivo geral, portanto, é convencer os condôminos da necessidade de boa convivência e de moderação no excesso de barulhos.

Para atingir esse objetivo geral, é preciso definir um caminho a seguir. Os passos do caminho são os objetivos específicos.

4.3 Roteiro de fala: identificação dos objetivos específicos

Os objetivos específicos são importantes porque ajudam a delimitar e a focar o tema e a pesquisa a ser realizada. Eles devem responder a perguntas específicas, que ajudem a alcançar o objetivo geral. Alguns exemplos de objetivos específicos podem ser:

- » Identificar as principais causas de um problema.
- » Analisar as diferentes abordagens ou soluções para determinado problema.
- » Identificar as principais tendências ou mudanças em determinado setor ou mercado.
- » Comparar diferentes estratégias ou métodos em determinado campo.
- » Avaliar o impacto de uma política ou legislação específica.
- » Descrever características ou elementos específicos de um tema, conceito ou processo.

Assim, os objetivos específicos de um roteiro de fala estão relacionados aos detalhes práticos que ajudam a alcançar o objetivo geral da apresentação.

É importante lembrar que os objetivos específicos podem variar de acordo com o tipo de apresentação e com o público-alvo. Para criar um roteiro de fala eficiente, é preciso levar em consideração esses objetivos, alinhá-los ao objetivo geral e treinar a apresentação por diversas vezes.

Vamos voltar ao caso que estamos utilizando como exemplo: temos um problema específico, que é o conflito gerado pelo excesso de barulho em um condomínio.

Em nosso discurso, precisamos convencer nossos ouvintes da importância de se manter a boa convivência, com a moderação dos barulhos e a utilização de bom senso no trato social. Assim, nossos objetivos específicos são:

» Compreender de que forma o excesso de barulho está afetando a vida no condomínio.

» Conscientizar os condôminos acerca da necessidade de moderar os barulhos.

» Expor as regras do condomínio em relação aos horários em que é permitido realizar atividades que provoquem barulho.

» Ressaltar a necessidade de se utilizar o bom senso para tolerar os barulhos comuns do dia a dia.

Esses são exemplos, evidentemente. A delimitação dos objetivos específicos vai depender especificamente do problema a ser enfrentado, da situação a ser explorada, do público, entre outros fatores.

4.4 Roteiro de fala e planejamento do discurso

O roteiro de fala pode ser elaborado de diversas maneiras. Algumas pessoas optam por um esboço simples, enquanto outras utilizam um texto descritivo mais detalhado. Independentemente da forma escolhida, o roteiro de fala deve seguir uma estrutura básica com introdução, desenvolvimento e conclusão ou encerramento.

O roteiro de fala deve ser organizado e estruturado de forma clara e objetiva, respeitando a lógica da apresentação, as necessidades do público-alvo, o tempo disponível e o objetivo a ser alcançado. É uma ferramenta essencial para ajudar o orador a manter o controle de seu discurso, a não se perder nos tópicos e a comunicar claramente a mensagem. Contudo, é fundamental ter em mente que, com a prática, o orador poderá apresentar-se com mais naturalidade e utilizar o roteiro apenas como um guia, concedendo ao público uma experiência ainda mais natural e agradável.

Assim, falar de improviso é possível e às vezes necessário, mas o planejamento de um roteiro de fala colabora para a construção de discursos mais assertivos e para a obtenção de maior sucesso pelo orador.

O primeiro passo na preparação de um discurso é delimitar com precisão o tema a ser tratado. O orador que não consegue fazer essa delimitação de maneira adequada tem mais chances de se desviar de seu objetivo, demonstrando para os ouvintes seu despreparo.

A seguir, vejamos como organizar o planejamento.

Planejamento do discurso

1. Traçar um plano simples, amplamente dividido, com poucas subdivisões, algumas ideias principais e um pequeno número de ideias secundárias.
2. Começar pela exposição dos fatos na ordem cronológica, sempre que possível.
3. Ao relatar um fato ou examinar um documento, analisá-lo a fundo e extrair dele os argumentos úteis.

4. Na ordem dos fatos e dos argumentos, ir do mais importante ao menos importante, do mais certo ao menos certo, para que não restem objeções.
5. Utilizar primeiramente os argumentos de razão, deixando os argumentos de sentimento para o fim.
6. Analisar possíveis objeções, traçando as refutações de maneira sólida e direta.

Como já vimos, o orador pode desenvolver o assunto pela narração ou pela argumentação. A narração é fundamental para tornar os ouvintes sensíveis à argumentação, porém ela não pode ser extensa nem enfadonha para não afastar o público.

Quanto à argumentação, convém começar pelo argumento mais forte e ir adicionando os demais argumentos, por ordem de importância, ao discurso.

Por fim, o orador, ao concluir seu raciocínio, pode fazer um breve apanhado ou resumo do que foi tratado e, depois, finalizar brevemente o discurso.

Esse planejamento deve levar em consideração se a fala será fechada ou aberta. Vejamos mais detalhes nos tópicos seguintes.

4.4.1 Roteiro de fala aberto

O roteiro de fala aberto costuma exigir mais do orador, uma vez que não será sempre possível ater-se ao roteiro. Nessas situações – debates, entrevistas, discussões –, o orador está diante de um público que não fica apenas passivamente escutando seu discurso; está sujeito a interrupções, perguntas, questionamentos, críticas, contrapontos etc.

Nesses casos, não se consegue sistematizar e organizar uma fala contínua e ininterrupta. É preciso dispor de um roteiro aberto, em que o orador delineia os principais tópicos a serem abordados. Dificilmente se pode seguir uma ordem específica nesse contexto, tendo em vista que os assuntos podem ser trazidos ao debate em ordens aleatórias, conforme o desenrolar da discussão.

Nesse sentido, o roteiro de fala deve conter apenas os principais tópicos a serem debatidos, com os principais argumentos, a fim de que possa servir de apoio no momento da fala.

Voltemos ao tema do excesso de barulho no condomínio. Na assembleia, vários moradores levantaram essa questão, e a maior parte das reclamações refere-se a cenas como estas: crianças correndo pelos corredores, fazendo algazarra; excesso de latidos dos cães dos condôminos; utilização de furadeiras em horários impróprios; som alto aos fins de semana.

Cabe ao síndico traçar um roteiro de fala, prevendo os principais pontos a serem arguidos. Vejamos um modelo no quadro a seguir.

Quadro 4.1 – Exemplo de roteiro de fala aberto: excesso de barulho em condomínio

Tema	Excesso de barulho.
Excesso de barulho	1) Barulho das crianças. 2) Latidos de animais. 3) Barulho fora dos horários previstos na convenção de condomínio. 4) Som alto.
1) Barulho das crianças	Cabe aos pais orientar as crianças quanto ao excesso de barulho e à algazarra nos corredores do condomínio. Cabe aos moradores manter o senso de proporção, tendo em vista que as crianças têm o direito de brincar, desde que dentro dos limites das normas estabelecidas no condomínio.

(quadro 4.1 - continua)

(quadro 4.1 - conclusão)

2) Latidos de animais	Animais que produzem muito barulho na ausência do dono podem ser consideradas vítimas de maus-tratos. Assim, cabe ao tutor do animal promover seu bem-estar, o que inclui a manutenção de um ambiente saudável. Não há previsão de proibição de animais nas unidades condominiais, razão pela qual os vizinhos precisam conviver com barulhos normais do dia a dia, incluindo eventuais barulhos dos animais, desde que dentro da normalidade.

Fica como desafio ao leitor terminar esse pequeno roteiro: ainda faltam os itens 3 (barulho fora dos horários previstos na convenção de condomínio) e 4 (som alto).

4.4.2 Roteiro de fala fechado

O roteiro de fala fechado refere-se aos discursos em que, como regra geral, o orador não sofrerá interrupções. Logo, é possível organizar sequencial e logicamente a fala, por meio de uma rota que pareça a mais adequada à realização dos objetivos do discurso.

Para traçar um roteiro de fala fechado, não há fórmula pronta, mas algumas técnicas podem ser úteis. Vejamos uma sugestão no quadro a seguir.

Quadro 4.2 – Modelo de roteiro de fala fechado

Definir o objetivo.	Identificar claramente o objetivo da fala.
Conhecer o público-alvo.	Qual é o conhecimento e as expectativas do público sobre o tema? Adaptar a linguagem e a abordagem de acordo com o perfil dos ouvintes.
Estruturar a fala.	Dividir a fala em partes ou seções principais. Fazer uma introdução cativante para capturar a atenção do público, desenvolver os pontos principais do discurso e concluir com uma mensagem impactante ou um resumo dos principais pontos abordados.
Criar um esboço.	Fazer um esboço básico da estrutura do discurso. Listar os tópicos principais que se deseja abordar em cada seção. Organizá-los de forma lógica e coerente.
Desenvolver as ideias.	Para cada tópico, desenvolver as ideias principais que se deseja transmitir. Utilizar exemplos, histórias ou estatísticas que possam ilustrar as ideias de forma convincente.
Usar transições.	Planejar transições suaves entre os tópicos para manter a fluidez da fala. Utilizar palavras ou frases de conexão que sinalizem a mudança de ideias e ajudem a manter a coesão do discurso.
Adicionar elementos persuasivos.	Se o objetivo for persuadir o público, utilizar argumentos sólidos e evidências para sustentar as afirmações. É possível utilizar técnicas retóricas, como perguntas retóricas, repetições ou comparações, para enfatizar os pontos de vista apresentados

Uma vez que o roteiro de fala estiver pronto, é interessante praticar em voz alta. O orador pode fazer ajustes conforme achar necessário, buscando familiarizar-se com o conteúdo. Em frente ao espelho, pode treinar expressão verbal, gestos e postura corporal, caso seja relevante para a situação.

É importante ter em mente que o roteiro é apenas um apoio. Não é para ser lido de forma autômata, sob pena de prejudicar o discurso e afastar a plateia.

Polito e Polito (2015, p. 12-13) apresentam um roteiro de fala valioso, que pode servir para diversas situações do dia a dia do orador:

A – Cumprimente os ouvintes. De maneira geral, utilize "senhoras e senhores" em circunstâncias mais formais e "olá, pessoal" ou "bom dia/boa tarde/boa noite a todos" nas situações mais informais.

B – Faça a introdução. Nada complicado. Inicie agradecendo o convite para fazer a apresentação e explique como a plateia poderá se beneficiar com ela. Faça comentários simples sobre o evento. Pode ser uma referência a uma reunião anterior, aos planos que fizeram no último encontro ou a algum ponto relacionado ao público ou a algum ouvinte importante. Se tiver uma história "na manga" que possa ser associada à ocasião, lance mão dela.

C – Exponha o assunto. Em uma ou duas frases, descreva o assunto que será desenvolvido. Essa tarefa será simples, pois antes de começar a falar você já refletiu sobre esse aspecto da apresentação.

D – Revele o problema. Revele aos ouvintes o problema para o qual pretende oferecer soluções.

E – Apresente a solução. Depois de deixar claro o problema, vem o momento de apresentar a solução. Lembre-se de que, se você fez um histórico, agora vai falar do presente. Cabem aqui os argumentos, como estatísticas, pesquisas e exemplos.

F – Conte uma história. Não é uma obrigação, mas uma boa história relacionada ao assunto, além de servir como ilustração e facilitar o entendimento dos ouvintes, reforça a argumentação e torna a apresentação mais leve e interessante.

G – Refute as objeções. Nem sempre os ouvintes terão objeções, mas, se sentir que existe ou poderá existir algum tipo de resistência, defenda seus argumentos.

H – Conclua. Depois de cumprir todas as etapas, chega o momento de concluir. Am aneira mais simples de fazê-lo é pedir aos ouvintes que reflitam ou ajam de acordo coma mensagem.

Vejamos algumas considerações importantes sobre o roteiro de fala fechado:

» Deve ser breve e listar apenas argumentos ou informações relevantes que vão se articular para chegar ao objetivo do discurso.
» Não deve conter informações detalhadas nem ser extenso, para não perder o envolvimento da plateia.
» Deve seguir uma ordem lógica e coesa, com a ligação dos pontos a serem expostos.
» Não deve servir como muleta, apenas como apoio, como um lembrete que facilita o discurso do orador.

A simples confecção de um roteiro auxilia o orador em seu discurso, pois transportar para o papel os argumentos que estão em sua mente, de forma organizada e lógica, ajuda a manter a calma e traz clareza aos pensamentos, o que pode ser percebido pela plateia.

4.5 Organização do discurso

Assim como acontece quando estamos tentando desenvolver um texto, é comum nos depararmos com uma situação em que "as ideias estão na cabeça, mas não sabemos por onde começar".

Pensando nessa dificuldade comum, veremos como planejar adequadamente o discurso, para que a mensagem seja transmitida com clareza.

Polito e Polito (2015) apresentam algumas estratégias. A primeira delas é saber quanto **tempo** o orador terá para fazer a exposição. A fala deve ser dividida em introdução, desenvolvimento e conclusão, estabelecendo-se o tempo para cada um desses pontos. Por evidente, a introdução e a conclusão devem ser mais breves, e a maior parte do tempo deve ser utilizada no desenvolvimento.

O discurso deve ser organizado de **maneira lógica**. Assim, a ordenação dos assuntos no tempo é importante, pois "mostra como as informações se apresentaram no passado, como se manifestam no presente e como se comportarão no futuro" (Polito; Polito, 2015, p. 25).

Além disso, é essencial situar o discurso no **espaço**:

> Se, por exemplo, seu tema for desenvolvimento industrial, você poderá mostrar como essa questão é tratada pelos americanos, pelos europeus, pelos asiáticos e pelos brasileiros. Ao falar sobre essas regiões, é possível analisar as características de cada uma e associá-las ao método da ordenação no tempo, o que produz ótimos resultados. (Polito; Polito, 2015, p. 25)

Tendo isso em mente, vamos traçar uma estrutura do plano do discurso. Observe o quadro a seguir.

Quadro 4.3 – Estrutura do discurso

Saudação e apresentação	Primeiro, cumprimente os presentes e, caso não tenha sido apresentado, apresente-se. É importante que a plateia tenha uma boa primeira impressão sua e saiba quem está falando.
Contextualização e preparação	Caso o público já conheça o tema a ser tratado, a contextualização pode ser dispensada. Contudo, você pode situar o público acerca do problema que está inserido no tema, a fim de despertar interesse na plateia, fazendo a preparação do público para a posterior defesa de sua tese.
Desenvolvimento	Esta é a parte que mais demanda tempo e energia, pois é nela que você expõe os argumentos para a defesa de sua tese.
Conclusão ou finalização	Uma conclusão ruim pode colocar todo o discurso a perder. Nesta fase, é importante reafirmar sua tese e sintetizar seus argumentos, de forma a reforçar para a plateia seu ponto de vista.

Com essa sugestão de plano, é possível organizar o discurso independentemente do tema, sempre considerando os demais aspectos já citados anteriormente, tais como público-alvo, roteiro de fala (aberto ou fechado), objetivo geral e objetivos específicos.

4.5.1 Cálculo do tempo do discurso

Como vimos, a estrutura da mensagem falada é muito parecida com a da mensagem escrita. Assim como no texto é possível ser extremamente conciso ou prolixo, o orador pode passar sua mensagem de maneira breve ou estender-se excessivamente. O orador precisa, portanto, ter um senso apurado para não ultrapassar o tempo razoável para sua fala e não pode ser breve demais quando a ocasião exigir um pouco mais de tempo.

Por exemplo, um discurso de formatura pode ser breve ou longo, a depender do cerimonial. Independentemente disso, o orador deve se ater ao tempo que tem para transmitir sua mensagem. Se falar pouco, passará a impressão de que ficou faltando algo. Se falar demais, causará impaciência e má impressão na plateia, que se tornará dispersa.

Dessa forma, o orador deve ter em mente o tempo que será disponibilizado: Serão três minutos ou trinta minutos? Isso fará muita diferença na hora da criação do roteiro.

A grande dúvida é: Como fazer a correta **divisão do tempo**? Nossa sugestão é que sejam utilizados de 10% a 15% do tempo para a introdução, de 75% a 85% do tempo para o desenvolvimento e de 10% a 15% do tempo para a conclusão.

Para calcular o tempo de um discurso, é necessário saber a **velocidade média de fala do orador**, o que geralmente é medido em palavras por minuto (ppm). Para descobrir sua velocidade média de fala, você pode gravar a si mesmo durante um minuto enquanto fala sobre um tópico. Em seguida, conte quantas palavras falou nesse período de tempo. Repita esse processo algumas vezes e tire uma média.

Depois, você pode calcular o tempo de um discurso. Por exemplo, se seu discurso tiver 500 palavras e sua velocidade média de fala for de 150 ppm, você levará cerca de 3 minutos e 20 segundos para terminar o discurso (500/150 = 3,33 minutos ou 3 minutos e 20 segundos aproximadamente). Mas essa é apenas uma estimativa; o tempo real do discurso pode variar dependendo de fatores como pausas, interpelações, efeitos especiais ou outras considerações.

Organizar o tempo é uma habilidade essencial para garantir que seu discurso seja bem estruturado, claro e informativo. Vejamos algumas orientações no quadro a seguir.

Quadro 4.4 – Sugestões para organizar o tempo do discurso

Determine o tempo total disponível.	Antes de preparar o discurso, você precisa saber exatamente quanto tempo terá para falar. A partir daí, pode determinar quantos minutos ou segundos precisa dedicar a cada seção do discurso.
Divida o discurso em seções.	O discurso deve ter uma estrutura clara, com introdução, corpo e conclusão. Divida o tempo total disponível para que você saiba o quanto dedicar a cada parte.
Priorize as informações mais importantes.	Quando você está limitado ao tempo, deve priorizar as informações mais importantes. Decida o que é absolutamente essencial para incluir no discurso e deixe de fora informações menos relevantes.
Use o tempo de forma eficaz.	Por exemplo, dedique mais tempo à introdução para captar a atenção da audiência e menos tempo ao agradecimento final.
Pratique e faça ajustes.	Na prática, você pode descobrir que precisa ajustar o tempo dedicado a cada seção, dependendo de seu ritmo de fala. Pratique o discurso várias vezes e faça ajustes para garantir que esteja maximizando o tempo disponível e comunicando-se de maneira clara e eficaz.

Mais uma vez, reforçamos a necessidade de praticar. Um orador experiente consegue organizar sua fala e tem controle sobre o tempo que vai utilizar, inclusive aumentando ou diminuindo seu discurso conforme a situação exija.

4.5.2 Como fazer uma saudação e uma apresentação pessoal

Uma saudação e uma apresentação adequadas podem ajudar a estabelecer uma conexão com a audiência e a tornar o discurso mais interessante e envolvente.

Para fazer uma boa saudação, considere estas orientações:

» Cumprimente a audiência e agradeça por estar no local.

» Faça uma piada ou uma referência casual, se adequado.

» Compartilhe seu entusiasmo e mostre que está animado para falar com eles.

» Garanta que a saudação seja breve e não tome muito tempo do discurso.

» Caso seja necessário se apresentar (a apresentação é dispensável quando o público já conhece o orador), é interessante seguir estes passos:

Comece com uma breve introdução pessoal, incluindo seu nome e qualquer informação relevante sobre sua experiência ou especialidade.

» Forneça uma visão geral do que será abordado em seu discurso. Isso será o gancho e uma oportunidade para capturar a atenção da audiência.

» Compartilhe as informações principais que serão mencionadas durante o discurso e descreva como serão apresentadas.

» Seja breve e não tome muito tempo do discurso.

Lembre-se de que uma saudação e uma apresentação adequadas devem estabelecer uma conexão com a audiência e prepará-la para o discurso. É necessário não se desviar muito do tema principal e garantir que o foco permaneça no conteúdo.

4.5.3 Preparação da plateia

Nem sempre será necessário elucidar o tema para o público. Caso já haja familiaridade, a apresentação profunda do tema será dispensável. Se necessário, é possível falar especificamente sobre a importância do tema, a fim de cativar a plateia. Apresentar o tema, portanto, é fornecer para a audiência um entendimento claro do que será abordado.

A preparação é uma fase em que o orador começa a introduzir os argumentos para a defesa de sua ideia, por isso é uma etapa importante para garantir que a audiência esteja engajada e receptiva ao discurso. Ela pode ser dispensada apenas quando os ouvintes estão absolutamente familiarizados com o problema ou o tema. Logo, extensão vai depender do grau de familiaridade e do nível de complexidade do problema.

Essa fase envolve uma série de atividades que permitem ao orador conectar-se com a audiência antes mesmo de iniciar o discurso. Vejamos algumas orientações no quadro a seguir.

Quadro 4.5 – Sugestões para fazer a preparação da plateia

Conhecer o público.	Antes de se apresentar, o orador deve descobrir o máximo possível sobre a audiência. Quem são eles? Qual é o seu nível de conhecimento sobre o assunto a ser apresentado? Qual é a idade média da audiência? Isso permitirá que o orador personalize a apresentação de acordo com as necessidades e expectativas do público.
Estabelecer empatia.	O orador deve, tanto quanto possível, estabelecer um relacionamento próximo e amigável com os participantes. Para isso, pode cumprimentar as pessoas individualmente, solicitar informações sobre suas expectativas e mostrar entusiasmo em relação ao discurso que preparou.
Criar um clima adequado.	Antes de iniciar o discurso, é importante preparar um ambiente confortável e acolhedor para as pessoas se sentirem à vontade. Dessa forma, iluminação, temperatura, áudio e assentos devem ser adequados ao ambiente, que, por sua vez, deve ser propício para ouvir.
Usar recursos visuais.	Incorporar recursos visuais, tais como imagens, vídeos ou gráficos, pode ajudar na preparação do público para o discurso. Esses recursos permitem que a audiência visualize o que está sendo dito, simplificando a mensagem e incentivando a compreensão.
Usar técnicas de pré-visualização.	Antes de começar a falar, o orador deve dizer à plateia o que ela pode esperar do discurso, com uma prévia do que será abordado.

Lembre-se de que a fase de preparação da plateia é crucial para garantir que a mensagem seja recebida de forma clara e eficaz.

4.5.4 Desenvolvimento do discurso

O desenvolvimento do discurso é a parte mais importante, na qual o orador vai apresentar as ideias principais e fornecer informações detalhadas para apoiar e ilustrar essas ideias. Como vimos, ter uma argumentação forte em um discurso é essencial para persuadir e convencer a audiência. Além disso, a postura, o tom de voz, a empatia, a capacidade de ilustrar e de contar histórias fazem a diferença nesse momento.

O orador ainda pode fazer uso de outros recursos, descritos no quadro a seguir.

Quadro 4.6 – Outros recursos para o desenvolvimento do discurso

Usar fatos e dados.	Dados e estatísticas são imprescindíveis para apoiar os argumentos. Eles devem ser precisos e provenientes de fontes confiáveis.
Usar exemplos.	Exemplos concretos e relevantes para ilustrar os argumentos ajudam a tornar as ideias mais tangíveis e promovem uma melhor conexão com a audiência.
Refutar as objeções.	Antecipar quaisquer objeções que a audiência possa ter em relação ao argumento e refutá-las de maneira clara e eficaz mostra que o orador compreende as preocupações do público e que tem respostas válidas para suas dúvidas.
Usar o poder da emoção.	A emoção pode reforçar o impacto do argumento. Com anedotas, histórias pessoais ou emoções compartilhadas, é possível criar identificação com a audiência e persuadi-la.
Estabelecer uma linha de raciocínio consistente.	Criar uma linha de raciocínio coesa e usar argumentos progressivamente mais fortes para convencer a audiência são aspectos necessários para reforçar a tese. O orador deve começar com pontos de vista mais simples e claros e progredir para informações e analogias que reforcem o que quer dizer.
Ser objetivo.	Além de ser claro e coeso, é necessário evitar o uso de jargões ou termos difíceis de entender.

Ao desenvolver a argumentação, o orador precisar atentar à clareza e ser conciso e objetivo, fortalecendo os argumentos de forma consistente e atraente, mediante a utilização de dados, fatos, exemplos e emoção para impactar sua audiência.

4.5.5 Finalização e conclusão do discurso

A conclusão do discurso é uma parte crucial da apresentação, pois é a última chance de se conectar com a audiência e reforçar as ideias que foram expressas. Para finalizar adequadamente, o orador deve resumir as ideias principais e reforçar o objetivo do discurso. Essa recapitulação pode ajudar a audiência a fixar as principais ideias.

Além disso, existem alguns recursos interessantes que podem ser empregados, como descrito no quadro a seguir.

Quadro 4.7 – Recursos para a finalização do discurso

Oferecer *insights* finais.	Trata-se de apresentar uma visão final, refletindo sobre as principais ideias e as implicações futuras sobre o assunto abordado. Pode ser uma oportunidade para reforçar as melhores práticas, por exemplo.
Fazer um apelo à ação.	Se o objetivo for motivar uma mudança de comportamento ou atitudes da audiência, é possível fazer um convite à ação, bem como apresentar soluções e o que pode ser feito para implementá-las.
Usar uma frase final inspiradora.	É uma frase que reforce a mensagem, como um exemplo, um fato ou uma citação marcante.

Uma conclusão eficaz pode inspirar a audiência a agir na direção desejada, fortalece a credibilidade do orador e gera uma impressão duradoura.

> **PARA SABER MAIS**
>
> A seguir, listamos cinco filme que demonstram a importância e o poder da oratória. Prepare a pipoca e divirta-se!
>
> » CORAÇÃO valente. Direção: Mel Gibson. EUA, 1995. 165 min.
> » HOUSE of Cards. Criação: Beau Willimon. EUA, 2013--2018. Websérie.
> » O DISCURSO do rei. Direção: Tom Hooper. EUA, 2010. 118 min.
> » PRENDA-ME se for capaz. Direção: Steven Spielberg. EUA, 2002. 141 min.
> » SOCIEDADE dos Poetas Mortos. Direção: Peter Weir. EUA: Touchstone Pictures. 1989. 128 min.

SÍNTESE

Neste quarto capítulo, mostramos como organizar uma fala antes de apresentá-la ao público. Para planejar um discurso de oratória de forma eficaz, vimos que devemos seguir algumas etapas.

Em primeiro lugar, devemos selecionar um tópico relevante e atraente para o público. Depois, definimos o objetivo do discurso e escrevemos isso de forma clara. Por exemplo, você pode querer informar, convencer, motivar ou inspirar o público. A próxima etapa é adaptar linguagem, tom e conteúdo para atender às necessidades e expectativas da audiência.

Além disso, o discurso deve ser organizado de maneira lógica e coerente: iniciar com uma introdução clara, seguir com a apresentação do assunto, passar para a explanação dos pontos principais e finalizar com uma conclusão.

Quanto à apresentação pessoal, vimos que é importante praticar previamente postura, controle da voz e expressão corporal, para se apresentar de forma clara e confiante. Durante o discurso, não devemos nos preocupar em falar perfeitamente, mas em transmitir com naturalidade e clareza o que queremos dizer.

Por fim, destacamos que é necessário ensaiar o discurso antes da apresentação final, para gerar mais autoconfiança e poder ajustar pontos que não ficaram claros, além de tornar a fala mais fluida.

Questões para revisão

1) Um roteiro de fala é um documento que serve como um mapa ou guia para uma apresentação pública ou discurso.

A esse respeito, analise as assertivas a seguir:

I. O roteiro de fala deve ser sempre seguido à risca.

II. O roteiro de fala fechado diz respeito aos discursos em que, como regra geral, o orador não sofrerá interrupções.

III. O roteiro de fala não deve conter informações detalhadas nem ser extenso, pois o excesso de informações dificulta a consulta do orador.

É correto o que se afirma em:

a. I e II, apenas.

b. II e III, apenas.

c. I e III, apenas.

d. II, apenas.

e. I, II e III.

2) O planejamento é essencial para a boa execução de um discurso. Numere os itens a seguir conforme a ordem adequada para a organização de um discurso:

( ) Contextualização

( ) Saudação e apresentação

( ) Desenvolvimento

( ) Conclusão

Agora, assinale a alternativa que apresenta a sequência correta:

a. 2, 1, 3, 4.

b. 3, 1, 4, 2.

c. 1, 2, 3, 4.

d. 2, 3, 1, 4.

e. 4, 3, 2, 1.

3) Sobre os roteiros de fala aberto e fechado, analise as assertivas a seguir e marque V para verdadeiro e F para falso:

( ) O roteiro de fala aberto costuma exigir mais do orador, uma vez que não é sempre possível ater-se a esse roteiro.

( ) No roteiro de fala fechado, o orador está diante de um público que não fica apenas passivamente escutando seu discurso, estando sujeito a interrupções, perguntas, questionamentos, críticas, contrapontos etc.

( ) A fala fechada é aquela que ocorre, por exemplo, em debates e entrevistas.

Agora, assinale a alternativa que apresenta a sequência correta:

a. F, F, F.

b. V, V, V.

c. V, F, V.

d. V, F, F.

e. F, V, F.

4) Pedro, um advogado da área de família, foi convidado a dar uma entrevista para a TV para explicar como funciona a questão dos alimentos aos filhos menores em caso de divórcio. Ele terá cinco minutos para responder a perguntas feitas ao vivo, durante a entrevista. Após a entrevista, Pedro fará uma palestra em uma faculdade de Direito sobre o mesmo tema. Ou seja, Pedro precisa produzir roteiros de fala distintos para ambas as situações. Quais seriam esses roteiros? Justifique sua resposta.

5) Explique a importância de definir com precisão o objetivo do discurso.

QUESTÃO PARA REFLEXÃO

1) Na assembleia de condomínio, vários moradores levantaram a questão do excesso de barulho. A maioria das reclamações diz respeito ao seguinte: crianças correndo pelos corredores, fazendo algazarra; excesso de latidos dos cães dos condôminos; utilização de furadeiras em horários impróprios; som alto aos fins de semana.

Você, como síndico, vai fazer uma palestra de 20 minutos para a assembleia de moradores sobre cada um dos pontos destacados. Elabore um roteiro de fala fechado para a realização dessa palestra.

V

Argumentação e contra-argumentação

CONTEÚDOS DO CAPÍTULO:

» Raciocínio lógico na argumentação.
» Argumentação e inferência.
» Espécies de argumentos.
» Contra-argumentação.
» Formas de contra-argumentar.

APÓS O ESTUDO DESTE CAPÍTULO, VOCÊ SERÁ CAPAZ DE:

1. compreender a importância do raciocínio lógico e da inferência para a argumentação;
2. identificar os tipos e a classificação dos argumentos e dos contra-argumentos;
3. fazer a argumentação e a contra-argumentação;
4. reconhecer as espécies de falácias.

No presente capítulo, abordaremos a argumentação e a capacidade de apresentar bons argumentos e de desenvolver um raciocínio lógico e coerente, que confira ao orador o poder de convencer e encantar seu público.

Inicialmente, trataremos do raciocínio lógico. Examinaremos, passo a passo, como se pode argumentar logicamente e quais são os elementos de uma boa argumentação. Depois, veremos como chegar à conclusão a partir de premissas ou evidências, processo ao qual damos o nome de *inferência*.

Em seguida, analisaremos as espécies de argumentos. Começaremos pelas ideias de Arthur Schopenhauer, que, em sua obra *A arte de ter razão*, enunciou três tipos de argumentos muito utilizados: o argumento de autoridade, o argumento *ad hominem* e o argumento *ad ignorantiam*. Não ficaremos, contudo, restritos a essas espécies de argumentos. Veremos outras diversas formas de argumentar, de maneira que seja possível utilizar esses conhecimentos para melhorar a argumentação.

Em um terceiro momento, nosso foco será a contra-argumentação. Nem sempre o orador está em uma posição neutra, por isso é primordial saber como rebater ideias contrárias ou até mesmo vozes discordantes da plateia. Veremos, ainda, formas de contra-argumentar, dando especial destaque à ponderação e à contestação.

Por fim, trataremos das falácias, erros de raciocínio e argumentação comuns no dia a dia, com aparência de verdade. Veremos como identificar as diversas espécies de falácias a fim de poder combatê-las.

5.1 Argumentação

Na argumentação, o raciocínio lógico é a habilidade de analisar situações, entender argumentos e chegar a conclusões lógicas e coerentes. Requer capacidade para identificar padrões, fazer deduções e inferências, aplicar princípios de lógica e avaliar argumentos.

Assim, a argumentação e o raciocínio lógico estão intrinsecamente ligados, uma vez que a argumentação busca convencer ou persuadir alguém de algo mediante a utilização de premissas e conclusões, que devem estar organizadas de forma lógica e coerente.

Logo, para desenvolver uma argumentação efetiva, é necessário estabelecer uma sequência lógica de ideias, apresentando as premissas que sustentam a conclusão e a evidência que suporta cada premissa.

Dessa forma, podemos afirmar que o processo argumentativo exige um raciocínio lógico, essencial para garantir a validade da argumentação, evitando-se erros como a circulação de sentidos, a generalização indevida ou a falha em considerar todos os elementos relevantes do problema.

O quadro a seguir apresenta uma ordem lógica para desenvolver uma boa argumentação.

Quadro 5.1 – Ordem lógica da boa argumentação

Etapa	Objetivo	Descrição
1	Identificar e definir o problema.	Ter clareza sobre o que se está discutindo e qual é o problema a ser resolvido. Isso permite que o orador apresente suas ideias de forma mais precisa e objetiva.
2	Definir as premissas.	Premissas são as afirmações que sustentam a conclusão da argumentação. Devem ser claras, precisas e fundamentadas em evidências. É importante identificar quais são as premissas relevantes para o argumento que se quer utilizar.
3	Estabelecer a sequência lógica de ideias.	Sequência lógica é a ordem em que as premissas e a conclusão devem ser apresentadas para que a argumentação faça sentido. É importante que a sequência obedeça a uma linha de pensamento clara e coerente.
4	Utilizar argumentos válidos.	Um argumento é válido quando há uma relação lógica entre as premissas e a conclusão. Um exemplo de argumento inválido seria: "Todos os pássaros voam. O avião voa. Portanto, o avião é um pássaro". Nesse caso, há uma falha na relação lógica entre as premissas e a conclusão.
5	Refutar possíveis objeções.	É fundamental antecipar possíveis objeções ou contra-argumentos e preparar-se para refutá-los. Isso demonstra que o orador considerou diferentes perspectivas e evidências antes de chegar à conclusão.
6	Utilizar linguagem clara e objetiva.	Uma argumentação efetiva requer uma linguagem clara, objetiva e livre de ambiguidades. É necessário evitar usar argumentos vagos ou generalizações que possam enfraquecer a posição do orador.

Além disso, uma argumentação efetiva deve conter os seguintes elementos:

- » **Clareza**: a argumentação deve ser clara e objetiva, sem ambiguidades ou contradições que possam confundir o receptor da mensagem.
- » **Precisão**: as afirmações devem ser claras e precisas para que possam ser entendidas facilmente pelo receptor e não deixem espaço para interpretações equivocadas.
- » **Relevância**: as informações apresentadas na argumentação devem estar diretamente relacionadas com o ponto em discussão, evitando-se tangentes ou informações irrelevantes para o assunto.
- » **Consistência**: as afirmações apresentadas devem ser coerentes e compatíveis, e as premissas devem sustentar a conclusão de forma lógica e consistente.
- » **Evidência**: a argumentação deve estar fundamentada em evidências, fatos e dados relevantes, que sustentem as afirmações apresentadas.
- » **Persuasão**: a argumentação deve ser persuasiva, ou seja, buscar convencer ou persuadir o receptor da mensagem a aceitar a perspectiva do orador. Para isso, é importante reconhecer e abordar possíveis objeções e refutá-las de maneira persuasiva.
- » **Ética**: a argumentação deve ser ética, respeitando as intenções, a honra e a dignidade das pessoas envolvidas. Deve-se evitar táticas de persuasão manipulatórias, enganosas ou desonestas;
- » **Credibilidade**: a argumentação deve ser apresentada por uma fonte confiável e respeitada, que possa conferir credibilidade às afirmações apresentadas.

Ao incluir esses elementos em sua argumentação, o orador aumenta a probabilidade de convencer e persuadir seu receptor, tornando sua argumentação mais efetiva.

5.1.1 Inferência

Inferência é uma habilidade que permite chegar a uma conclusão a partir de uma análise ou observação. É a capacidade de fazer deduções relevantes com base em um conjunto de informações e dados, muitas vezes incompletos. É um processo que requer lógica, conhecimento prévio e informações disponíveis para chegar a uma nova conclusão.

A inferência está presente em muitas áreas da vida, como na leitura, no raciocínio lógico, nos processos de tomada de decisão e na solução de problemas. Em cada um desses casos, a habilidade de inferir é vital para profissionais e estudantes, bem como para indivíduos em geral, pois ajuda a pensar em soluções criativas para os mais diversos problemas, além de tomar decisões claras e objetivas com base em uma análise lógica das informações disponíveis.

Assim, a argumentação e a inferência estão interligadas na construção de um argumento válido e coerente, visto que a argumentação contempla uma série de razões ou evidências para convencer ou persuadir alguém a aceitar uma determinada conclusão ou posição.

O objetivo final, portanto, é chegar a uma conclusão fundamentada e persuasiva.

Nesse processo, a inferência envolve reconhecer padrões e relações entre informações para produzir uma nova conclusão ou entendimento.

Na argumentação, o argumento principal é a conclusão, baseada em premissas ou evidências fornecidas como suporte. As conclusões podem ser alcançadas por meio de argumentos dedutivos, que implicam inferir uma conclusão com base em premissas específicas, ou de argumentos indutivos, que envolvem inferir uma conclusão geral com base em observações ou exemplos específicos.

Há duas categorias principais de inferência:

» **inferência dedutiva**, que se baseia em premissas conhecidas ou verdades absolutas para fazer deduções lógicas e precisas;

» **inferência indutiva**, que se baseia em observações, exemplos ou padrões para fazer generalizações e chegar a uma conclusão probabilística.

Vejamos exemplos das categorias de inferência.

Inferência dedutiva

Premissa 1: Todos os mamíferos são animais de sangue quente.
Premissa 2: Os cães são mamíferos.
Conclusão: Portanto, os cães são animais de sangue quente.

A premissa 1 estabelece uma característica geral dos mamíferos, afirmando que todos são animais de sangue quente. A premissa 2 declara que os cães são mamíferos. Com base nessas premissas, a conclusão **dedutiva** é que os cães também são animais de sangue quente.

A inferência dedutiva é considerada **válida** quando a conclusão segue logicamente as premissas fornecidas, ou seja, se as premissas são verdadeiras, a conclusão também será verdadeira.

Inferência indutiva

Observação específica: Todas as maçãs que eu já comi até agora eram doces.
Inferência indutiva: Todas as maçãs são doces.

O raciocínio parte da observação de várias maçãs que foram comidas e da ideia de que todas tinham um sabor doce. Assim, a inferência indutiva é que todas as maçãs são doces. No entanto, a conclusão não é necessariamente absoluta ou definitiva, mas uma generalização provável segundo as observações feitas. Ainda pode haver exceções ou variações no grupo em análise.

Em resumo, a inferência permite ao orador inferir e deduzir a conclusão de forma lógica e coerente com base em premissas ou evidências relevantes. Lembre-se de que a prática constante da argumentação pode ajudar a desenvolver essa habilidade.

Por fim, cabe ressaltar que sempre devemos desenvolver nossos argumentos com base na lógica e na coerência, questionando nossas próprias premissas e buscando evidências que as sustentem, para que possamos convencer e persuadir de forma mais efetiva e ética.

5.2 Espécies de argumentos

Anteriormente, já nos dedicamos ao estudo da argumentação, destacando sua importância para o sucesso de um texto e de um discurso.

Ao estudarmos a argumentação e a contra-argumentação, aprendemos a analisar e avaliar de forma mais objetiva as ideias e os pontos de vista. Isso nos permite desenvolver habilidades de pensamento crítico, questionando, ponderando e discernindo informações de modo mais eficiente.

Além disso, a argumentação e a contra-argumentação são essenciais para aprimorar nossas habilidades de comunicação. Articular ideias de forma clara, persuasiva e embasada em evidências é fundamental para transmitir nossas opiniões de maneira eficaz e influenciar positivamente outras pessoas. Ademais, o estudo da argumentação e da contra-argumentação ajuda a analisar diferentes perspectivas e a avaliar criticamente as informações disponíveis. Isso nos permite tomar decisões mais fundamentadas, considerando os argumentos favoráveis e contrários a determinada questão.

Por fim, a habilidade de argumentar e contra-argumentar adequadamente também é crucial na resolução de conflitos. Expressar nossas opiniões de forma respeitosa e ouvir ativamente as perspectivas dos outros são ações que ajudam a encontrar soluções mais equilibradas e construtivas.

A seguir, veremos a classificação dos argumentos.

5.2.1 Classificação dos argumentos segundo Schopenhauer

O filósofo alemão Arthur Schopenhauer propôs quatro tipos de argumentos em sua obra *A arte de ter razão* (ou *Erística*). Eles estão descritos na sequência.

Argumentum ad hominem (argumento contra a pessoa) Tem como objetivo atacar a pessoa que apresenta o argumento em vez de refutar o argumento em si. É uma falácia, pois não prova nada sobre a validade do argumento exposto.

Vejamos um exemplo: Ana apresenta uma proposta para melhorar o sistema de transporte público na cidade. João, em vez de refutar a proposta dela apresentando o que pode dar errado, diz: "Mas quem é você para falar sobre isso? Não tem nem carteira de motorista, nunca dirigiu na vida!".

Ou seja, João não expõe nenhum argumento contra a proposta de Ana, mas faz um ataque pessoal a ela, tentando tirar a credibilidade de Ana e invalidar seu argumento sem apresentar evidência ou argumento lógico contra ele.

Algumas maneiras de combater o argumento *ad hominem* são:

» manter o foco no argumento, não se deixando levar pelo ataque pessoal;

» ignorar o ataque pessoal, voltando a abordar o tema central do debate;

» refutar o ataque caso seja algo importante que possa afetar a discussão, mostrando que ele não é relevante para a questão;

» confrontar a pessoa se for um ataque pessoal muito sério, expondo o comportamento inadequado e tentando esclarecer a situação;

» usar exemplos objetivos que corroborem o ponto de vista que está sendo defendido, mostrando que ele não é baseado em preferências pessoais ou motivações ocultas.

Argumentum ad ignorantiam
(argumento pela ignorância)

Nesse caso, acredita-se que algo é verdadeiro simplesmente porque não há provas em contrário. É uma falácia, pois a falta de provas não é uma prova por si só.

Vejamos um exemplo: João acredita na existência de alienígenas baseando-se na falta de evidências contrárias. Ele diz: "Não podemos provar que eles não existem, então é provável que existam".

João está utilizando o argumento pela ignorância, pois está afirmando que a ausência de evidências contrárias é uma evidência suficiente para comprovar a existência de seres extraterrestres. Porém, a falta de provas não é uma evidência válida.

Portanto, a crença de João na existência desses alienígenas não é justificada.

Algumas maneiras de refutar o argumento *ad ignorantiam* são:

> » apontar que a falta de evidências não significa que a afirmação seja verdadeira, mas apenas que não há provas suficientes para comprová-la;
> » mostrar a falácia lógica, ou seja, que não se está seguindo um raciocínio coerente, destacando que a falta de provas não valida a afirmação;
> » apresentar outras possibilidades, já que esse tipo de argumento pressupõe que não há outras opções além de verdadeiro ou falso; no entanto, há sempre a possibilidade de algo estar em um estado de incerteza;
> » exigir provas, pedindo que a pessoa faça a devida pesquisa e apresente provas concretas para sustentar sua afirmação;
> » oferecer prova contrária de que a afirmação é falsa, mostrando, novamente, que a falta de evidências não é uma justificativa para aceitar uma afirmação como verdadeira.

Argumentum ad verecundiam (argumento de autoridade)

Baseia-se na autoridade de certo indivíduo ou instituição em vez de se apoiar na evidência apresentada. É uma falácia, pois ser uma autoridade em um assunto não é garantia de que a pessoa esteja sempre correta.

Um exemplo seria o caso de um médico famoso que afirma que certo produto é a melhor opção para emagrecer sem apresentar provas científicas que corroborem sua afirmação. Muitas pessoas podem seguir essa recomendação somente porque o médico é uma figura de autoridade, mesmo que surjam outras evidências de que o produto não é eficaz ou pode ser prejudicial à saúde.

Algumas maneiras de refutar o argumento *ad verecundiam* são:

» mostrar que a autoridade citada não é um especialista no assunto em questão; assim, a pessoa não tem a experiência ou o conhecimento necessário para afirmar categoricamente o que é recomendável ou não;

» indicar outras autoridades igualmente respeitadas que têm opiniões conflitantes sobre o mesmo assunto;

» apontar erros na argumentação, como informações equivocadas, distorção ou falta de evidências concretas para aquilo que se está dizendo;

» enfatizar que a opinião expressada é baseada em preconceitos, crenças pessoais ou interesses particulares, e não em evidências ou fatos objetivos;

» apresentar dados ou evidências concretas que contradizem a opinião da autoridade citada, demonstrando que está em desacordo com a realidade observável.

▓ *Argumentum ad logicam* (argumento lógico)

É o único tipo de argumento válido. Emprega o raciocínio lógico para provar que uma conclusão é verdadeira, apoiando-se em uma evidência lógica, e não em opiniões pessoais ou outras falhas de raciocínio.

Portanto, adota a lógica para chegar a uma conclusão, como em um silogismo: "Todos os homens são mortais. Sócrates é um homem. Portanto, Sócrates é mortal".

5.2.2 Argumento por evidência

O argumento por evidência é baseado em fatos empíricos e observações que apoiam determinada afirmação. É uma forma de argumentação que se fundamenta em dados e informações concretas para responder a questões e fazer afirmações.

Um exemplo de argumento por evidência é: "De acordo com um estudo publicado na revista científica *Science*, análises de dados coletados ao longo de décadas mostram que a síndrome de Down pode ter relação com a idade avançada da mãe".

O argumento, portanto, está amparado em evidências científicas apresentadas em estudo publicado em uma revista científica respeitada. As evidências incluem análises de dados ao longo do tempo e sustentam a conclusão de que o autismo ocorre com mais frequência no caso de gravidez tardia.

Ao utilizar um argumento por evidência, é importante que as fontes sejam confiáveis e objetivas, que os dados sejam devidamente coletados e analisados e que as conclusões sejam apoiadas em fatos concretos, para que tal argumento seja mais forte e convincente.

No entanto, em alguns casos, pode ser necessário combater esse argumento. Algumas formas de fazer isso são:

» apontar para a inadequação ou as limitações da evidência, como falta de clareza, confiabilidade, precisão, entre outros, pois isso pode enfraquecer o argumento apresentado;

» analisar a interpretação dos dados e dos fatos para indicar que não é a única interpretação possível;

» apontar a ausência ou a inconsistência das evidências apresentadas, já que, assim, podem não ser capazes de sustentar o argumento;

» mostrar que outras evidências significativas sobre o assunto não foram consideradas ou incluídas no argumento; logo, as evidências inicialmente apresentadas são incompletas;
» questionar as conclusões extraídas a partir da evidência; é possível que a evidência se preste a diversas conclusões, então é preciso verificar se as conclusões extraídas são as únicas conclusões possíveis ou se existem outras igualmente viáveis.

5.2.3 Argumento por analogia ou comparação

O argumento por analogia ou comparação compara duas coisas diferentes com base em características semelhantes. Por exemplo: "A mente humana é como um computador; assim como um computador processa informações, a mente humana também processa informações".

Esse tipo de argumento pode ser útil para esclarecer diferenças sutis e, muitas vezes, complicadas entre duas coisas ou ideias. Um advogado pode compor um argumento convincente comparando o caso atual com outro semelhante do passado para convencer o júri a tomar uma decisão favorável. Da mesma forma, um professor pode comparar duas teorias filosóficas para ajudar os alunos a entender melhor as sutilezas entre elas.

Entretanto, uma comparação não prova nada por si só. É necessário fazer uma análise detalhada e considerar todos os fatores relevantes antes de tirarmos uma conclusão.

Algumas formas de combater esse tipo de argumento são:

» analisar as diferenças críticas entre as duas situações. mesmo que existam semelhanças, pode haver diferenças relevantes para a conclusão, então é preciso reconhecer e analisar essa discrepância;

» enfatizar que a analogia não é adequada e buscar exemplos ou evidências que mostrem que as situações apresentadas são diferentes demais para serem comparadas;

» mostrar que a conclusão defendida pelo argumento é falaciosa, mesmo com alguma similaridade entre as situações. em outras palavras, a argumentação pode ser ilógica no geral, não apenas na analogia;

» apresentar casos em que a conclusão não se aplica, mesmo em situações semelhantes, para contrapor o argumento. o que diminui a força da analogia, gerando questionamentos sobre sua adequação e validade;

» mostrar que a conclusão é duvidosa e não pode ser confirmada, ou seja, é muito fraca ou inexata, tornando-se inválida.

5.2.4 Argumento por exemplificação ou ilustração

A argumentação por exemplificação é uma técnica utilizada para apresentar exemplos que suportam uma afirmação ou tese. Por exemplo, se alguém está defendendo a ideia de que a prática regular de atividades físicas é importante para manter a boa saúde, pode apontar diversas pessoas que têm um estilo de vida ativo e saudável.

Esse tipo de argumento pode ser bastante persuasivo, pois fornece exemplos concretos que o tornam mais tangível e fácil de entender. Além disso, exemplos fazem o argumento mais memorável ao fornecer uma referência concreta para ser lembrada e discutida posteriormente.

Algumas formas de combater esse argumento são:

» destacar que a generalização pode não ser adequada em todos os casos, já que a mensagem geral pode não se aplicar na prática;

» apontar exemplos conflitantes com a mensagem geral, que não suportem a afirmação feita a partir do exemplo;

» questionar a relevância dos exemplos apresentados, destacando que um número insuficiente de exemplos foi utilizado para que seja possível estabelecer uma conclusão geral com precisão;

» mostrar que outras evidências significativas não foram levadas em conta ou incluídas no argumento apresentado, ou seja, é uma exemplificação incompleta;

» analisar os exemplos apresentados com mais profundidade, expondo evidências que podem contradizer a mensagem. mesmo que o exemplo seja real, ele pode ser inadequado para justificar o argumento.

5.2.5 Argumento de princípio

O argumento de princípio ampara-se em premissas fundamentais ou princípios básicos para estabelecer uma conclusão. Esses princípios ou premissas podem ser éticos, morais, políticos, filosóficos ou religiosos. Em geral, um argumento de princípio se baseia em uma premissa geral aceita como verdadeira e, em seguida, busca aplicá-la a uma situação específica.

Por exemplo, podemos adotar a premissa de que é sempre errado matar outra pessoa para concluir que a pena de morte não é justificada. Ou podemos dizer que todas as pessoas são iguais perante a lei para argumentar que a discriminação racial é injusta.

Esse tipo de argumento pode ser útil para estabelecer critérios comuns e normas aplicáveis a diferentes situações. No entanto, um argumento de princípio também pode ser impreciso se os princípios em que se baseia não forem claros ou bem estabelecidos. Além disso, nem todos aceitam os mesmos princípios, o que significa que esse argumento pode ser contestado por aqueles que não compartilham dos mesmos valores.

Algumas formas de combater esse argumento são:

- » questionar a validade geral da premissa, se é realmente verdadeira ou se é apenas considerada verdadeira por pessoas influenciadas por fatores culturais ou pessoais;
- » analisar se a premissa é relevante para o argumento ou a conclusão, visto que, mesmo que a afirmação contenha uma verdade, pode não ser importante para a discussão corrente;
- » indicar inadequações ou limitações da premissa;
- » apontar falhas na dedução a partir da premissa, expondo vínculos racionais e outras consequências possíveis que não foram explorados;
- » destacar que outras premissas igualmente válidas podem ser utilizadas para chegar a conclusões muito distintas e igualmente plausíveis.

5.2.6 Argumento por causa e consequência

O argumento por causa e consequência estabelece uma relação causal para fazer uma conexão entre duas coisas ou eventos. Baseia-se na ideia de que uma coisa leva a outra e de que, portanto, a causa e a consequência estão intimamente relacionadas.

Por exemplo, podemos afirmar que mudanças climáticas ocasionam eventos climáticos extremos, como tempestades e secas mais frequentes e intensas, ou que o aumento da poluição do ar causa doenças respiratórias graves.

Esse tipo de argumento pode ser útil para estabelecer uma conexão lógica entre os fatos e é frequentemente usado na argumentação científica ou em debates políticos. Pode esclarecer as razões de um fenômeno e indicar uma relação de causa e efeito clara.

No entanto, um argumento por causa e consequência nem sempre é claro e pode ser complexo. Além disso, não é fácil estabelecer uma relação causal definitiva, uma vez que muitos fatores podem influenciar um evento ou fenômeno. Por isso, convém tomar cuidado para não tirar conclusões precipitadas com base em um argumento causal insuficiente ou incompleto.

Algumas formas de combater esse argumento são:

» enfatizar que a relação de causa e efeito é muito mais complexa do que a evidência sugere, por isso o argumento pode não ser suficiente para justificar a conclusão apresentada;

» expor outras possíveis causas que poderiam levar à mesma consequência, indicando que a conclusão não é inquestionável e que pode haver outras possibilidades;

» analisar os dados apresentados em busca de causalidades que podem misturar-se com a causa apresentada; é possível identificar nuances que não foram consideradas e que podem inviabilizar a causa apresentada pelo argumento;

» apontar que as causas expostas são reducionistas, ou seja, não consideram outros aspectos que possam influenciar na consequência;

» mostrar que, em circunstâncias similares, a relação causal foi diferente ou não foi comprovada, o que sugere que a relação causa-consequência pode não ser tão simples quanto se apresenta.

5.2.7 Argumento por hipótese

No caso do argumento por hipótese, apresentam-se suposições ou premissas não comprovadas para argumentar a respeito de determinada situação ou problema. Esse tipo de argumento é geralmente utilizado quando não há dados ou evidências suficientes para chegar a uma conclusão definitiva.

Por exemplo, podemos afirmar que, se a taxa de imposto for reduzida, a economia vai se recuperar e o desemprego vai diminuir ou que, se houver mais investimento em educação, a taxa de criminalidade vai diminuir.

Esse tipo de argumento pode ajudar os debatedores a explorar ideias e conceitos em um contexto mais amplo, além de lançar possibilidades e cenários futuros. Porém, um argumento hipotético é, por definição, uma conjectura e, portanto, não é comprovável ou comprovado. É uma ferramenta para explorar possibilidades e não deve ser confundido com uma afirmação ou evidência comprovada.

Algumas formas de combater esse argumento são:

» questionar a probabilidade da hipótese apresentada, indicando que pode ser mais improvável do que aparenta e que, portanto, não justifica a conclusão oferecida;

» identificar e expor falhas na lógica do argumento, extraindo conclusões a partir de hipóteses que não têm de fato relação entre si;

» apontar a falta de evidências concretas que mostrem que a hipótese apresentada é a mais provável ou que outras hipóteses igualmente plausíveis podem existir, mas não foram consideradas;

» analisar o contexto em que a hipótese é apresentada e questionar se essa hipótese faz sentido nessas circunstâncias;

» apresentar outras hipóteses ou cenários possíveis que podem levar a conclusões diferentes, enfatizando que a hipótese apresentada não é a única ou pode estar incompleta.

5.2.8 Argumento emocional

O argumento emocional apela às emoções, muitas vezes usando palavras que provocam sentimentos de raiva, medo ou tristeza para manipular a opinião das pessoas. Por exemplo: "Não podemos permitir que nosso país vá à falência e deixe nossas crianças sem futuro!".

Algumas formas de combater esse tipo de argumento são:

» focar o argumento e ignorar as emoções apresentadas, insistindo para se ater apenas às evidências e razões lógicas do argumento;

» questionar a validade da emoção apresentada, mostrando que não é adequada para apoiar a conclusão proposta. essa tática pode ser eficaz quando uma pessoa usa emoções que não fazem sentido em relação ao argumento;

» apontar outras emoções ou sentimentos que possam contradizer a emoção apresentada e questionar a hierarquia de emoções e a adequação para o argumento;

» indicar que as emoções apresentadas são manipuladoras e que o argumento real não está claro, demonstrando sua imprecisão;

» enfatizar a importância de se basear em fatos e provas verificáveis, perguntando se alguém está sendo levado por sentimentos em detrimento da razão objetiva e dos fatos. isso pode encorajar a busca por fatos e evidências objetivas para apoiar o argumento.

O argumento emocional deve ser evitado, tendo em vista que pode ser facilmente refutado3

5.3 Contra-argumentação

Contra-argumentar é apresentar um argumento oposto em resposta a um argumento anteriormente apresentado. É uma técnica comum que ajuda a refutar ou enfraquecer um argumento existente. O objetivo é apontar uma postura oposta ou uma perspectiva contrária ao argumento inicial, com informações e fatos que invalidem a posição do oponente.

Por exemplo, em um debate sobre a redução da maioridade penal, uma pessoa que a favor pode dizer que isso ajudaria a reduzir a criminalidade; já uma pessoa contrária à proposta pode responder com contra-argumentos, como o fato de que muitos menores de idade já sofrem abusos no sistema prisional.

Contra-argumentar é importante porque ajuda a evitar a formação de ideias preconcebidas ou de conclusões falsas. Também permite desenvolver habilidades críticas e de pensamento lógico. No entanto, um bom contra-argumento deve ser bem pesquisado e baseado em informações precisas e confiáveis. A refutação deve ser fundamentada e respeitosa, a fim de manter um diálogo construtivo.

Podemos classificar os contra-argumentos em imediatos e remotos.

O **contra-argumento imediato** consiste em uma resposta imediata a um argumento anteriormente apresentado, na qual o oponente contra-argumenta de forma persuasiva e concisa. É empregado nas situações em que há pouco tempo para reflexão ou desenvolvimento de uma resposta mais elaborada.

Por exemplo, em um debate, uma das partes pode apresentar o argumento de que a legalização da maconha vai aumentar o consumo de drogas. O oponente pode trazer um contra-argumento imediato, como a evidência de que, nos países onde a maconha foi legalizada, não houve um aumento significativo no consumo de drogas.

Esse tipo de contra-argumento é útil porque, ao refutarmos rapidamente o argumento, deixamos pouco tempo para que o debatedor inicial possa reagir. Entretanto, um contra-argumento imediato pode parecer simplista e não tem o mesmo nível de nuance ou profundidade de um contra-argumento mais elaborado.

Em geral, a eficácia de um contra-argumento depende da qualidade do argumento original e da capacidade do debatedor de apresentar sua posição de forma clara e persuasiva. Um contra-argumento imediato pode ser eficaz em situações de tempo limitado, mas pode não ser suficiente em debates mais longos ou complexos.

Por sua vez, o **contra-argumento remoto** é uma resposta elaborada e pensada em detalhes, apresentada após uma análise mais aprofundada do argumento original. Nesse caso, o oponente leva mais tempo para elaborar uma contra-argumentação que pode refutar completamente as ideias apresentadas pelo oponente inicial.

Em um debate sobre os impactos da mudança climática, por exemplo, uma parte pode dizer que a atividade humana não é a principal causa desse fenômeno. Porém, após uma análise cuidadosa dos dados científicos disponíveis, o oponente pode elaborar um contra-argumento remoto que traga evidências que sustentam a posição de que a atividade humana é, sim, uma das principais causas da mudança climática.

Esse tipo de contra-argumento é útil porque, ao fazermos uma análise cuidadosa dos fatos antes de apresentar a resposta, podemos refutar pontos específicos do argumento original e fornecer informações adicionais para sustentar a posição.

Por outro lado, um contra-argumento remoto pode levar mais tempo para ser elaborado, o que pode não ser adequado em situações nas quais há limitações de tempo.

Em geral, a eficácia de um contra-argumento remoto depende da qualidade e da extensão da pesquisa feita para elaborar uma resposta completa e persuasiva. É frequentemente usado em debates mais complexos e com tópicos mais detalhados e específico3.

5.3.1 Tipos de contra-argumentação

Contra-argumentar pode ser uma tarefa desafiadora, mas é uma habilidade importante para tornar as ideias mais fortes e persuasivas. Há duas formas principais de contra-argumentar: ponderar ou contestar. Vejamos como cada uma funciona.

Ponderação argumentativa

A ponderação argumentativa é uma técnica que envolve a análise cuidadosa dos argumentos apresentados por ambas as partes de um debate. A ideia é que, em vez de simplesmente exporem argumentos opostos e tentarem refutar uns aos outros, os debatedores pesem e avaliem os méritos de cada argumento de forma justa e equilibrada.

Por exemplo, em um debate sobre a legalização da maconha, é possível que os argumentos a favor incluam a redução da violência relacionada às drogas, a arrecadação de receitas fiscais e a liberdade individual. Por outro lado, os argumentos contrários podem ser as preocupações com a saúde pública, o potencial aumento do abuso de drogas e a necessidade de manter a legalidade em relação às drogas.

Em vez de simplesmente escolher um lado e refutar os argumentos opostos, na ponderação argumentativa o debatedor avalia cada argumento individualmente, considerando seus méritos e pesando vantagens e desvantagens. É essencial que sejam levados em conta dados e informações precisas e confiáveis, bem como implicações políticas, sociais e econômicas de cada posição.

Por fim, a ponderação argumentativa pode fazer avançar a discussão formal, além de ajudar no desenvolvimento de habilidades importantes de análise e pensamento crítico. Os debatedores podem se concentrar mais em questões relevantes e em evidências em vez de apenas defender uma posição de forma acrítica e dogmática.

Contestação argumentativa

A contestação argumentativa é uma técnica que envolve a apresentação de contra-argumentos bem fundamentados com o objetivo de refutar ou enfraquecer a posição do oponente. É possível contestar, de forma direta, a tese, os argumentos ou as premissas.

Por exemplo, em um debate sobre a redução de impostos, uma pessoa pode dizer que, se os impostos forem reduzidos, haverá uma redução no investimento governamental em programas essenciais, como saúde e educação. Nesse caso, uma contestação argumentativa adequada poderia ser a de que, na verdade, uma redução nos impostos pode incentivar o setor privado a investir mais em pesquisa e desenvolvimento, o que pode levar a benefícios para a economia.

Esse tipo de contestação é importante porque ajuda a evitar conclusões cegas ou preconceituosas. Incentiva os debatedores a considerar múltiplos pontos de vista e informações relevantes antes de tomar uma decisão ou chegar a uma conclusão.

Para desenvolver uma contestação argumentativa, é preciso:

» identificar primeiramente a posição do oponente, analisando argumentos e evidências;

» pesquisar e reunir evidências e informações que possam refutar ou enfraquecer a posição do oponente;

» desenvolver uma argumentação clara, consistente e baseada em informações precisas e confiáveis.

Além disso, é importante manter a cordialidade e o respeito durante a discussão, focando os argumentos, e não as pessoa3.

5.3.2 Como construir um contra-argumento

Para a construção de um contra-argumento efetivo, convém observar as orientações do quadro a seguir.

Quadro 5.2 – Etapas para a construção de um contra-argumento

Etapa	Objetivo	Descrição
1	Compreender a posição do interlocutor.	Ouvir cuidadosamente o argumento do oponente e entender claramente sua posição antes de contra-argumentar.
2	Identificar as falhas na lógica do argumento.	Identificar as falhas na lógica ou nas evidências apresentadas para sustentar a argumentação.
3	Reunir informações relevantes.	Pesquisar e reunir informações, fatos e evidências que possam refutar ou enfraquecer a posição do oponente.
4	Construir o contra-argumento.	Desenvolver uma resposta bem estruturada e baseada nas informações reunidas.
5	Apresentar o contra-argumento de forma respeitosa.	Ser claro e objetivo na apresentação do contra-argumento. Manter a postura durante essa apresentação. Ser respeitoso, manter a calma e focar os argumentos, e não as pessoas. A comunicação respeitosa pode até mesmo ajudar a persuadir mais efetivamente.

Lembre-se de que um contra-argumento bem elaborado deve ser baseado em fatos e evidências consistentes. Além disso, devemos manter a mente aberta e disposta a ajustar nossa posição se necessário, com base nos argumentos e nas evidências apresentados pelo oponente.

5.4 Falácias

O termo *falácia* deriva do verbo latino *fallere*, que significa enganar". Dessa forma, podemos conceituar *falácias* como erros de raciocínio ou argumentação que aparecem em conversas, debates e discussões.

As falácias, muitas vezes, são formuladas para parecerem lógicas e convincentes à primeira vista. Podem envolver retórica persuasiva, uso de linguagem emocionalmente carregada ou até mesmo apelos a autoridades respeitadas. Esses elementos podem dificultar a identificação imediata das falácias e levar as pessoas a aceitar os argumentos sem uma análise crítica adequada.

Algumas falácias podem ser sutis e exigir raciocínio complexo. Podem manipular dados, usar silogismos enganosos ou criar aparências de causalidade que não são válidas. Identificar as falácias requer uma análise cuidadosa dos argumentos e o conhecimento das estruturas lógicas e falaciosas comuns. A complexidade dos argumentos falaciosos pode dificultar sua detecção e refutação.

Saber lidar com as falácias é uma parte crucial do argumento efetivo. Para tanto, devemos desenvolver habilidades de pensamento crítico, abertura a diferentes perspectivas, busca de evidências e argumentos sólidos e disposição para revisar nossas opiniões com base em informações mais confiávei4.

5.4.1 Classificação das falácias

Para combater as falácias, é importante conhecer suas formas mais comuns. Vejamos o quadro a seguir, com alguns exemplos de falácias que comumente aparecem em conversas e debates.

Quadro 5.3 – Tipos de falácias

Tipo	Descrição
Falácia *ad hominem*	Atacar o caráter ou a personalidade de uma pessoa em vez de refutar seus argumentos.
Falácia do espantalho	Criar uma versão distorcida ou exagerada do argumento do oponente e atacá-la, em vez de refutar o argumento real.
Falácia do apelo à autoridade	Aceitar uma afirmação simplesmente porque foi dita por uma autoridade ou figura de destaque.
Falácia da causa falsa	Acreditar que, porque uma coisa segue outra, a primeira coisa é a causa da segunda.
Falácia do apelo à multidão	Acreditar que algo é verdadeiro simplesmente porque muitas pessoas acreditam nisso.
Falácia da falsa dicotomia	Apresentar apenas duas opções como as únicas possíveis, ignorando outras alternativas.
Falácia de pressupor a conclusão	Usar a conclusão do argumento como uma das premissas desse argumento.

5.4.2 Como combater as falácias

É importante identificar erros de raciocínio e argumentação para estabelecer uma discussão mais produtiva e fundamentada. Para isso, podemos aplicar os seguintes procedimentos:

» identificar as falácias e nomeá-las;

» esclarecer as falácias para o oponente, explicando por que o argumento é uma falácia e por que ele não é válido. por meio do uso de exemplos concretos e evidências claras;

» fazer perguntas para o oponente sobre como ele chegou às conclusões apresentadas, o que pode ajudar a entender o raciocínio e a abordagem por trás do argumento;

» oferecer uma alternativa mais lógica depois de refutar o argumento falacioso, com informações e dados para apoiá-la.

Ao combater as falácias em uma discussão, é importante ter em mente os objetivos em questão. O propósito não deve ser simplesmente ganhar a discussão, mas estabelecer um diálogo transparente, construtivo e fundamentado para chegar à solução do problema.

PARA SABER MAIS

A argumentação requer que saibamos lidar com nossas emoções. Por isso, indicamos a leitura da seguinte obra: ABREU, A. S. **A arte de argumentar**: gerenciando razão e emoção. 14. ed. São Paulo: Ateliê, 2021.

SÍNTESE

Neste quinto capítulo, abordamos a argumentação, a contra-argumentação e as falácias. Destacamos as diferentes espécies de argumentos de maneira que possam ser usadas adequadamente.

Quanto à contra-argumentação, vimos que comumente o orador vai encontrar objeções às suas ideias. Por isso, precisa saber contra-argumentar, especialmente diante de uma plateia que não seja tão receptiva. O debate é, sem dúvida, um meio saudável para a resolução de conflitos, de tal forma que argumento e contra-argumento caminham juntos.

Por fim, tratamos das falácias, tendo em vista a importância da identificação desse tipo de raciocínio nos discursos. As falácias, quando detectadas, podem ser desmontadas pelo orador com base em argumentos sólidos e honestos.

QUESTÕES PARA REVISÃO

1) O argumento *ad ignorantiam* toma por base que algo é verdadeiro simplesmente porque não há provas em contrário. Analise as formas de refutar esse tipo de argumento:

I. Apontar para a falta de evidências.
II. Mostrar a falha na lógica.
III. Oferecer prova contrária.
IV. Mostrar que a autoridade citada não é confiável.

É correto o que se afirma em:

a. I, II e III.
b. II e III.
c. I e II.
d. I e III.
e. I, II, III e IV.

2) Leia o texto a seguir.

Temos visto um grande aumento no uso de redes sociais nos últimos anos. De acordo com uma pesquisa realizada pela Pew Research Center, em 2021, mais de três bilhões de pessoas em todo o mundo estão usando redes sociais (Auxier; Anderson, 2021). As redes se tornaram uma plataforma essencial para conectar pessoas, compartilhar informações e até mesmo promover novos negócios. Além disso, um estudo recente revelou que o uso de redes sociais pode ter impactos emocionais positivos, incluindo a redução de sentimentos de isolamento e solidão. Com esses dados em mente, fica claro que as redes sociais mudaram a forma como nos comunicamos e, em muitos casos, melhoram nossa qualidade de vida.

No texto, são apresentados dados concretos de pesquisa e estudos para sustentar a posição do autor sobre o efeito positivo das redes sociais na vida cotidiana. Assinale a alternativa que aponta o tipo de argumento utilizado:

a. Argumento de princípio.

b. Argumento por hipótese.

c. Argumento por evidência.

d. Argumento emocional.

e. Falácia.

3) Podemos conceituar *falácias* como erros de raciocínio ou argumentação que aparecem em conversas, debates e discussões.

A esse respeito, analise as assertivas a seguir e marque V para verdadeiro e F para falso:

( ) A falácia do apelo à autoridade indica que algo é verdadeiro simplesmente porque muitas pessoas acreditam nisso.

( ) A falácia da falsa dicotomia consiste em criar uma versão distorcida ou exagerada do argumento do oponente e atacá-la.

( ) A falácia *ad hominem* consiste em atacar o caráter ou a personalidade de uma pessoa em vez de refutar seus argumentos.

Agora, marque a opção que contém a sequência correta:

a. V, V, V.
b. F, V, V.
c. F, F, F.
d. F, F, V.
e. V, F, V.

4) Explique a diferença entre contra-argumento imediato e contra-argumento remoto.

5) Descreva as duas formas de contra-argumentação, citando pelo menos dois exemplos.

QUESTÃO PARA REFLEXÃO

1) Imagine que alguém argumente que o governo deve aumentar o financiamento para a educação pública, a fim de melhorar a qualidade da educação. Em vez de refutar esse argumento, um oponente pode criar uma falácia, afirmando que essa pessoa quer reduzir os fundos para a defesa nacional em favor da educação, criando uma situação falsa e exagerada fácil de ser desacreditada. O oponente pode então atacar esse "espantalho" em vez de refutar o argumento original, criando uma falácia em sua argumentação.

Em outra situação, alguém pode afirmar que só existem duas opções para lidar com o desemprego: aumentar as políticas assistenciais de governo ou reduzir a carga tributária das empresas. Outras possibilidades são ignoradas, como investir em políticas de geração de emprego ou criar incentivos para empresas que se comprometem a contratar mais pessoas. É a falácia da falsa dicotomia, em que se apresentam apenas duas opções como as únicas possíveis, ignorando outras possibilidades relevantes. Esse tipo de argumento pode ser enganoso e levar a uma conclusão falsa, por não levar em conta outras alternativas viáveis.

Pensando nas duas situações expostas, responda:

a. De que forma podemos refutar a falácia do espantalho?
b. De que forma podemos refutar a falácia da falsa dicotomia?

VI

CONTEÚDOS DO CAPÍTULO:

- » Como combater o medo de falar em público.
- » Fala, expressão corporal e aparência do orador.
- » Personalidade do orador.
- » Identificação do público com o orador.
- » Como melhorar a oratória.

APÓS O ESTUDO DESTE CAPÍTULO, VOCÊ SERÁ CAPAZ DE:

1. aplicar técnicas e estratégias para combater o nervosismo e o medo de falar em público;
2. utilizar a voz e o vocabulário de maneira adequada;
3. cuidar da aparência e da expressão corporal para melhorar a percepção do público;
4. identificar o público para o qual vai falar, a fim de lidar melhor com ele;
5. imprimir a própria personalidade à fala.

Atributos do orador

Este capítulo é dedicado às qualidades e aos atributos do orador. Para que possamos nos dedicar ao aperfeiçoamento da oratória, devemos conhecer os atributos de um bom orador e, assim, desenvolver nossas habilidades com base em nossos pontos fortes e fracos.

Começaremos com a abordagem dos problemas mais comuns de quem precisa falar em público: o medo e o nervosismo. Veremos que o medo de falar em público é perfeitamente normal, mas que é necessário lidar com o nervosismo para ter sucesso na comunicação.

Uma vez vencido nosso primeiro obstáculo, analisaremos os principais atributos do orador, fundamentais para demonstrar o domínio da oratória. Pense em algumas pessoas que você considera bons oradores – alguém de sua família, de seu trabalho ou até mesmo um professor: O que eles têm em comum?

Trataremos da importância da voz e do vocabulário, da dicção, da respiração, da entonação, enfim, dos principais aspectos relacionados à voz que precisam ser de conhecimento do bom orador.

Em seguida, passaremos à importância da expressão corporal e da aparência. O corpo também fala, e a forma como a pessoa se apresenta, se veste, se movimenta, ou sua postura, influencia significativamente na transmissão da mensagem.

Para além dessas lições, abordaremos também o público. Entre os atributos do orador está a capacidade de identificar seu público e, a partir dessa identificação, adequar seu discurso e sua mensagem.

Examinaremos, ainda, as diversas nuances relacionadas à fala que dependem diretamente da personalidade do orador, tais como a autoconfiança, o autocontrole, a autenticidade, a persuasão, a eloquência, o carisma e a empatia.

Por fim, veremos algumas formas de melhorar a oratória por meio de ferramentas úteis para o desenvolvimento da própria personalidade como orador.

6.1 Medo e nervosismo ao falar em público

Existem várias razões pelas quais as pessoas têm medo de falar em público. Algumas das mais comuns incluem o medo de ser julgado, seja pela aparência, seja pelo comportamento, seja pelas habilidades de comunicação. É comum que as pessoas tenham receio de esquecer o que precisa ser dito ou de não serem interessantes o suficiente. Assim, podem ficar ansiosas com a possibilidade de que seu discurso não capte a atenção da audiência e, assim, elas acabem falando sozinhas.

De outro lado, há o medo de ser o centro das atenções. Falar em público significa ter toda a atenção direcionada para uma pessoa; algumas se sentem desconfortáveis com isso e temem perder o controle da situação.

Polito (2015, p. 43) identifica três motivos centrais para o medo de falar em público:

1. falta de conhecimento sobre o tema em debate;
2. falta de prática no falar em público;
3. falta de autoconhecimento.

Sem dúvida, o primeiro grande desafio de qualquer orador é lidar com o nervosismo. O nervosismo diante de um público desconhecido é normal. O importante é saber lidar com ele.

Carnegie (2019, p. 35), sobre o medo de falar em público, faz as seguintes considerações: "Você deverá contar com uma certa dose de medo como um acessório natural de seu desejo de falar em público e deverá aprender a controlar seu nervosismo diante do auditório para ajudá-lo a proferir um discurso melhor".

Lembre-se de que esses medos são naturais e comuns. A preparação e a prática podem ajudar na superação. Além disso, é importante concentrar-se em seu conteúdo e em sua audiência em vez de focar a ansiedade.

6.1.1 Conhecimento e segurança

Conhecer bem o assunto que será exposto é uma das principais formas de superar o medo de falar em público. Quando o orador tem confiança em seu conhecimento e compreensão do assunto, sente-se mais seguro ao apresentá-lo.

Assim, estudar o assunto com cuidado ajuda o orador a estar bem preparado e organizado. Reunir as informações necessárias e organizá-las adequadamente é primordial para poder se concentrar em transmitir a mensagem de forma clara e eficaz. Ademais, praticar a apresentação faz o orador se sentir mais seguro e à vontade com o conteúdo, ensaiando a fala e familiarizando-se com a ordem das informações.

Em resumo, preparação e prática são as principais formas de conquistar a confiança e superar o medo de falar em público. O orador despreparado normalmente não tem confiança.

O orador não deve decorar a fala ou discurso, para que não pareça algo mecânico e monótono. Ele deve falar de ideias, e não apenas decorar palavras. Se as ideias estão em sua cabeça de maneira organizada, sua fala fluirá naturalmente. Nas palavras de Carnegie (2019, p. 37): "Durante toda a nossa vida falamos espontaneamente. Jamais pensamos em palavras. Pensamos em ideias. Se as ideias forem claras, as palavras virão natural e inconscientemente, como o ar que respiramos".

6.1.2 Autoconfiança

O orador não deve se deixar levar por pensamentos negativos. É importante que se imagine tendo sucesso e tenha confiança em si mesmo. Se o orador está bem preparado, pode se considerar mais qualificado do que qualquer pessoa da plateia para falar sobre o tema. Assim, não há por que ter medo. Começar respirando de maneira profunda e mantendo uma boa postura vai aumentar sua coragem e, passado o estresse inicial, a fala fluirá tranquilamente.

Desenvolver a autoconfiança para falar em público pode levar tempo e requer esforço, mas há várias estratégias que podem ajudar nesse processo, a saber:

» Leve um roteiro escrito como apoio. Mesmo que não sejam utilizadas, as anotações deixarão você mais seguro.

» Para que o tremor das mãos não seja percebido pelos ouvintes, imprima o plano de fala em uma folha mais encorpada.

» Não tenha pressa para começar. Inicie falando devagar e com volume de voz mais baixo até se sentir mais confiante.

» Se estiver muito nervoso, apoie as mãos na mesa ou no encosto da cadeira.

Como já mencionamos, conhecer bem o assunto é uma das principais formas de superar o medo de falar em público. Se o orador está preparado, sabe o que dizer e está familiarizado com a ordem das informações, sente mais confiança. Logo, é importante dedicar tempo para estudar, pesquisar e preparar o material antes de apresentá-lo.

A postura também pode contribuir para a autoconfiança. Manter os ombros para trás, a cabeça erguida e uma expressão facial tranquila pode ajudar a pessoa a se sentir mais confiante e poderosa.

O orador deve se concentrar na mensagem, e não tanto em si mesmo. Essa é outra forma de se sentir mais à vontade e manter o foco no que é importante.

Por fim, desenvolver a autoconfiança é um processo gradativo. Se o orador não se sentir confortável em grandes apresentações, deve começar com pequenos grupos de pessoas e ir aumentando gradualmente. O segredo é praticar e ter paciência consigo mesmo.

6.1.3 A importância de praticar

A prática faz parte do processo de desenvolvimento da autoconfiança. Ensaiar a apresentação ajuda a memorizar o conteúdo e a se sentir mais seguro com a *performance*. Além disso, quando o orador pratica, pode identificar pontos de melhoria e corrigi-los antes da apresentação.

O orador deve aproveitar todas as oportunidades para se manifestar ou falar em público. Deve tomar a iniciativa de falar com os outros, fazer perguntas nas palestras a que assiste, treinar a fala em frente ao espelho, para adquirir domínio de seu corpo e do espaço.

Com a prática e o treino regular, é possível identificar não apenas os defeitos, mas também as qualidades, aperfeiçoando a voz, o vocabulário, a expressão corporal, a presença de espírito, o humor, o raciocínio etc., reduzindo a quantidade de adrenalina no corpo e aumentando a confiança.

6.2 Fala

A fala é uma poderosa ferramenta persuasiva. Por meio do uso adequado de entonação, ritmo, ênfase e expressões vocais, um orador pode cativar e influenciar o público. Essa habilidade é crucial para convencer, motivar e inspirar as pessoas a adotar ideias, realizar ações ou mudar de opinião.

Vejamos, no quadro a seguir, alguns dos principais aspectos relacionados à fala.

Quadro 6.1 – Principais aspectos da fala

Aspecto	Descrição
Tom de voz	Pode transmitir emoção e é uma das principais ferramentas do orador. É importante variar o tom de voz durante a apresentação de acordo com a mensagem que se quer passar e manter um tom audível e claro.
Ritmo da fala	É um aspecto importante da oratória. Falar rápido demais pode tornar a apresentação confusa e difícil de compreender. Falar devagar demais pode tornar a apresentação monótona e cansativa. O ideal é manter um ritmo constante e adequado à mensagem a ser transmitida.
Pausas	Importantes para dar ênfase a algumas informações, ajudam a transmitir emoção e permitem que a audiência assimile o que foi dito. Além disso, podem ajudar o orador a controlar a própria ansiedade e nervosismo.
Postura	Uma postura ereta transmite segurança e confiança, e uma postura fechada pode passar insegurança.
Variação no vocabulário	O uso de palavras diferentes ao longo da apresentação ajuda a manter a atenção da audiência e tornar a apresentação mais interessante. É importante, no entanto, garantir que as palavras utilizadas sejam adequadas ao contexto e compreensíveis pela audiência.

Ao prestar atenção em cada um desses aspectos, o orador pode tornar sua apresentação mais clara, interessante e eficaz.

6.2.1 Vocabulário

O uso correto do vocabulário é de extrema importância na oratória e na comunicação em geral, pois garante que as informações sejam compreendidas pela audiência. Se o orador usar palavras muito complexas ou tecnicamente difíceis, pode alienar sua audiência e tornar a mensagem menos clara.

Também é primordial estar atento à precisão. Certas palavras têm significados específicos, e usá-las de forma correta exprime mais claramente o que se quer dizer.

É preciso atentar, ainda, aos aspectos emocionais. Algumas palavras são mais fortes emocionalmente que outras. Ao usar o vocabulário adequado, o orador consegue enfatizar a importância de determinado tópico ou ideia e fazer com que a audiência sinta emoções mais profundas.

Usar o vocabulário correto também ajuda a ganhar credibilidade. Se o orador demonstrar conhecimento sólido do assunto e for capaz de articular suas ideias em um vocabulário claro e conciso, sua audiência estará mais inclinada a respeitá-lo e a confiar em suas palavras.

Cabe acrescentar que empregar os termos adequadamente evita mal-entendidos, que podem prejudicar o efeito da apresentação. Expressar-se de maneira desleixada também causa péssima impressão no público. Nesse sentido, devem ser evitados palavrões e gírias, chavões, frases vulgares e termos incomuns. Um vocabulário técnico deve ser empregado apenas com uma plateia que o compreenda.

Por fim, é fundamental identificar tiques ou vícios de linguagem na fala para corrigi-los.

6.2.2 Voz

A voz é uma ferramenta poderosa na oratória: passa emoção e pode ajudar a manter o interesse da audiência, transmitindo uma mensagem clara e expressiva. Volume, tom, pronúncia, entre outros aspectos, comunicam além das palavras. Como observa Polito (2016, p. 23), "A voz determina a própria personalidade de quem fala. Se estamos alegres, tristes, apressados, seguros etc., a primeira identificação destes comportamentos é transmitida pela voz. Por que será que a voz reflete com tanta nitidez o que se passa no interior das pessoas?".

Quanto à parte física da fala, é importante entender como funciona o aparelho fonador. Segundo Polito (2015, p. 48), "O aparelho fonador é uma adaptação de partes dos aparelhos digestório e respiratório. Portanto, quando você fala, não apenas ele, mas todo o organismo passa a funcionar e a expressar, por meio da voz, seu comportamento físico e emocional".

A voz tem ligação direta com a respiração. Quem não sabe respirar vai ter dificuldades para falar bem. A respiração correta para falar é realizada na região abdominal. Polito (2015, p. 50) propõe alguns exercícios para treinar e melhorar a respiração:

> » fique em pé, distribuindo naturalmente o peso do corpo sobre as duas pernas, e com a postura um pouco relaxada;

> » posicione a cabeça como se estivesse equilibrando um pequeno livro;

> » coloque as mãos sobre o abdômen, sem forçar – elas servem apenas para que você se conscientize do procedimento correto ao respirar (o abdômen deverá estar contraído, apoiando a emissão; observe, durante o processo de inspiração, como o abdômen se eleva); [...]

» expire com os lábios levemente cerrados, produzindo um fluxo de ar contínuo, e observe como o abdômen se contrai;

» repita este exercício várias vezes, até desenvolver a respiração na região abdominal e usar corretamente o diafragma;

» depois de conseguir o domínio da técnica da respiração, repita o exercício e, ao expirar, pronuncie as vogais a, e, i, o, u, um de cada vez.

A voz é capaz de transmitir emoções de maneira mais poderosa e evidente do que as palavras escritas. A emoção na voz ajuda a manter a atenção da plateia e transmite a paixão do orador pelo assunto.

Além disso, quando a voz é variada e bem empregada, prende a atenção da audiência, suscita interesse. Isso ajuda o orador a manter o público engajado do início ao fim da apresentação. Utilizar emoção e entonação na voz pode ajudar a transmitir o interesse no tópico e a tornar a apresentação mais agradável.

A voz clara e audível é a base para a comunicação eficaz. Ao falar claramente, o orador garante que sua mensagem está sendo entendida. A voz pode ser usada, inclusive, para dar ênfase a certas palavras ou ideias importantes, destacando a relevância delas na mente da audiência.

O volume da voz deve estar adequado à situação de fala. Se os ouvintes não conseguirem escutar o que o orador está dizendo, perderão rapidamente o interesse. Porém, o excesso de volume pode causar má impressão e até mesmo irritação. Dessa forma, o orador não deve falar baixo demais, a ponto de parecer inibido, nem se exceder no volume.

Nossa voz se altera de acordo com a postura corporal, a emoção que sentimos, a saúde que temos, o tipo de relação interpessoal, o ambiente etc., bem como diz muito acerca de nossa personalidade. Assim, é necessário variar as características da voz para adequar nossa fala às diversas situações de comunicação e aos diferentes públicos.

A velocidade de fala é outro aspecto relevante. É importante que o orador identifique o ritmo ideal. Se falar muito rápido, será necessário diminuir o ritmo; se falar muito devagar, terá de aumentar a velocidade. Polito (2015, p. 59) apresenta algumas orientações:

> » se você fala rapidamente e deseja permanecer com essa velocidade, procure pronunciar cada vez melhor as palavras e crie o hábito de repetir as informações importantes pelo menos mais uma vez, com termos diferentes, para que o público entenda bem a mensagem. Mesmo falando depressa, será possível fazer pausas ao final de um pensamento ou de uma informação importante. Essas pausas expressivas ajudarão os ouvintes a refletir sobre o que você acabou de falar;
>
> » se você fala lentamente nas conversas [...], sente-se bem como esse estilo e pretende continuar assim, procure olhar para os ouvintes durante as pausas mais prolongadas para não perder o contato com eles. Especialmente depois de pausas mais longas, ao reiniciar, pronuncie com ênfase e energia as primeiras palavras. Esse recurso indicará que você não ficou em silêncio porque houve falta de vocabulário e ajudará a valorizar a maneira como se expressa.

Um recurso muito valioso consiste em alternar o volume e a velocidade da fala. Um bom comunicador sabe adaptar o volume de sua voz em diferentes ambientes. Essa alternância do volume e da velocidade proporciona um "colorido" especial à fala e, com um ritmo agradável, fica mais fácil motivar e envolver os ouvintes. É possível, também, dar ênfase às palavras que são ditas, de maneira a expressar as emoções de quem as está proferindo. Convém pronunciar as palavras com a entonação e o sentimento que caracterizam o sentido que trazem (Polito, 2015).

Também é essencial utilizar adequadamente as pausas durante a fala. As pausas mal aplicadas trazem artificialidade ao discurso, fazendo com que o público perca o interesse. Logo, as pausas devem se adequar ao que se pretende: por exemplo, uma pausa mais longa depois de concluir um raciocínio, uma mais curta para indicar continuidade. Após cada pausa, o orador deve manter o contato visual com o público e recomeçar sua fala de forma enérgica.

6.2.3 Dicção

O treino da dicção melhora a pronúncia das palavras, a qual influencia no entendimento da mensagem.

Uma boa dicção diz respeito ao uso adequado dos movimentos articulatórios da boca, da abertura e do fechamento de mandíbula e do posicionamento de língua, fatores responsáveis por uma fala bem articulada.

Uma forma de treinar a dicção é ler textos com uma caneta entre os dentes até que conseguir pronunciar as palavras com a máxima clareza.

Outra ótima forma para melhorar a dicção é usar os trava-línguas. Vejamos alguns exemplos:

- » O rápido rapaz correu para o rio repleto de raios de sol.
- » O doce padeiro prepara pães perfeitos com paciência e precisão.
- » A chuva chove no chão, molha a flor e faz brotar a esperança.
- » O velho vovô venceu valentemente todos os desafios da vida.
- » O cão corajoso conquistou o coração de todos com sua lealdade.
- » O sábio sussurrou segredos sábios ao silêncio da noite.
- » As rosas vermelhas irradiam amor e encanto por onde passam.
- » O rústico riacho refresca a relva verdejante na ravina.
- » O pássaro pousou no galho e pôs ovos brancos e brilhantes.
- » O riso radiante ressoa na sala, alegrando a todos os presentes.

Os trava-línguas devem ser lidos em voz alta, alternando-se a velocidade da fala, para aproveitar ainda mais o exercício.

6.3 Expressão corporal e aparência

Todo mundo já ouviu falar que a primeira impressão é a que fica, não é mesmo? Quando estamos exercendo nossos papéis sociais, nossa postura, expressão corporal e aparência devem estar de acordo com nosso discurso.

Pense em um cientista. Aposto que veio à mente alguém de jaleco branco. Agora pense em um advogado: terno e gravata, com certeza. Perceba que a escolha da roupa tem muita relevância quando pretendemos nos comunicar, mas não apenas isso: a roupa correta pode nos trazer maior confiança e autoestima.

Existem até mesmo estudos que indicam que roupas alteram o comportamento das pessoas:

> Acordar de manhã, abrir o guarda-roupa e escolher quais peças utilizar é um ato mecânico e sem importância especial para muitas pessoas. Por mais corriqueiro que seja o hábito, cientistas apontam que a roupa escolhida pode alterar o comportamento do indivíduo. O humor, saúde e confiança geral dependem de uma autoimagem saudável e a vestimenta afeta os níveis de autoestima. Os cientistas chamam esse fenômeno de "enclothed cognition", algo como "cognição de indumentária".
>
> De acordo com pesquisadores da Universidade de Northwestern, nos Estados Unidos, essa cognição envolve a coocorrência de dois fatores independentes: o significado simbólico das roupas e a experiência física de usá-las. (Fregatto, 2016)

Assim, ao se vestir de forma apropriada para falar em público, aumentam as chances de sucesso, seja pela imagem que a plateia vai receber, seja pela própria autoestima do orador.

E o que é estar adequadamente vestido? É vestir-se de acordo com a sua atividade profissional. Isso não significa que existe um padrão a ser seguido, afinal, cada pessoa tem gostos e preferências particulares. Por isso, além das roupas, a boa aparência leva em conta o ambiente, a ocasião de fala e a expectativa da plateia.

A expressão corporal é outro fator extremamente importante para o orador, pois, em conjunto com a voz e a palavra, é capaz de fazer chegar aos ouvintes a mensagem que o orador quer passar.

Você já deve ter se deparado com uma pessoa que, envergonhada, não conseguiu se comunicar adequadamente; isso até mesmo pode ter acontecido com você. Vamos imaginar que, durante as comemorações de seu aniversário, em público, após os parabéns, peçam para você fazer um discurso. Mesmo entre amigos, a expressão corporal pode passar a mensagem errada, caso não se consiga, por exemplo, manter a postura de confiança e alegria.

Outro exemplo é uma apresentação na escola, em que o professor exigiu que cada um falasse sobre um tema. Ombros encolhidos, voz baixa, olhar distante. A expressão corporal pode ter colocado a perder a pesquisa de muitos alunos, que, apesar de terem estudado, não conseguiram se portar adequadamente durante a exposição de seus trabalhos.

Albert Mehrabian (2023), professor especialista em comunicação, afirma que até 55% da mensagem não é transmitida verbalmente, e sim por meio da expressão corporal.

Polito (2015) apresenta algumas valiosas lições do estudo da expressão corporal, das quais destacamos aquelas que dizem respeito à gesticulação. Para o autor, os dois maiores erros estão na ausência de gestos ou no excesso destes. O ideal é que o orador não se prenda a regras rígidas, mas seja capaz de se mover com segurança e conforto diante da plateia.

De maneira geral, para Polito (2015, p. 102), é desaconselhável:

» Falar com as mãos nos bolsos ou nas costas

» Falar com os braços cruzados

» Falar com os braços o tempo todo apoiados sobre a mesa

» Falar com postura de derrotado: excesso de humildade

» Falar com postura arrogante ou prepotente

» Se movimentar diante do público de maneira desordenada, de um lado para o outro, sem objetivo

- » Abrir demasiadamente as pernas

- » Fechar demasiadamente as pernas a ponto de perder o equilíbrio

- » Ficar excessivamente parado e com postura muito rígida

É fato que cada um tem a própria forma de ser, mas algumas regras sobre a expressão corporal se aplicam a todos. Conforme Polito (2015, p. 104), devemos observar o seguinte:

- » faça um gesto para cada informação predominante na frase;

- » não tenha pressa de voltar à posição de apoio;

- » gesticule com os braços acima da linha da cintura;

- » faça o movimento a partir do ombro;

- » varie os gestos;

- » varie a posição de apoio;

- » marque o ritmo da fala com os braços na frente do corpo;

- » estabeleça um sincronismo harmonioso entre o gesto, a voz e a mensagem;

- » posicione-se naturalmente sobre as duas pernas;

- » use o semblante para se comunicar com mais expressividade;

- » olhe para os ouvintes.

Por fim, diante do público, é importante tomar cuidados com os gestos involuntários que podem ser inconvenientes, como coçar a cabeça, segurar a gola da roupa, mexer na aliança, ficar manipulando caneta ou lapiseira.

6.4 Personalidade do orador

A personalidade do orador, sem dúvida, conta muito para o sucesso ou fracasso da comunicação. Outras diversas variáveis devem ser levadas em conta, evidentemente: forma de falar, estratégia de comunicação, postura, tom, vocabulário, enfim, toda a fala de um orador depende da análise dessas variáveis.

Assim, a fala deve ser orientada por alguns requisitos, porém o orador precisa encontrar a melhor forma de se comunicar. O primeiro requisito é demonstrar autoconfiança.

Lembra quando falamos do medo de falar em público? Além das técnicas que vimos, o orador deve se considerar capaz de passar a mensagem. Sem essa autoconfiança, a expressão e a fala ficam prejudicadas. Logo, é preciso fortalecer a autoconfiança, identificando e corrigindo os motivos de não se sentir apto: excesso de timidez, nervosismo, desconhecimento do tema, questões psicológicas não resolvidas etc.

Além da autoconfiança, o bom orador tem autocontrole. É necessário estar preparado para as reações do público e saber modular o discurso de maneira adequada. A plateia pode reagir de diversas formas ao que o orador fala: com silêncio, risadas, indiferença, interesse, aplausos ou vaias. Cabe ao orador manter-se centrado e responder adequadamente às reações, dirigindo seu discurso com foco na manutenção do interesse dos ouvintes.

Ainda com relação ao interesse, a plateia precisa sentir autenticidade na fala do orador. A pessoa autêntica provoca no público a sensação de confiança, pois demonstra ser quem realmente é. Pessoas excessivamente formais, arrogantes ou excessivamente humildes causam má impressão, pois são percebidas como figuras mascaradas, que não estão sendo transparentes.

É importante, também, que o orador seja honesto e leal em sua fala, transmitindo sua mensagem de maneira ética. Para isso, deve se utilizar de argumentos sólidos e da persuasão – convencer a plateia – sem faltar com a verdade. De nada adianta o orador convencer uma plateia sobre o seu ponto de vista se estiver amparado em argumentos falaciosos ou mentiras.

Ademais, o orador deve dar especial atenção à eloquência do discurso. A eloquência diz respeito ao tom emocional a ser adotado na fala. Uma pessoa eloquente é aquela que expressa suas emoções adequadamente, imprimindo em sua fala o tom correto, com estilo e elegância, a fim de convencer o público.

Ainda precisamos destacar a empatia. O bom orador sabe que o público vai se identificar com alguém que se coloque em seu lugar, ou seja, que saiba traduzir no discurso os sentimentos que o próprio público tem. Desse modo, o orador que cativa tem como qualidade a capacidade de sentir empatia, trazendo a sensação de acolhimento.

Por fim, o bom orador é objetivo. Da mesma forma que na escrita, a prolixidade na fala é um grave defeito que deve ser corrigido. Ir direto ao ponto, sem perder o foco, mas mantendo-se interessante é um desafio. Cabe, então, ao orador ser criativo no desenvolvimento de seu discurso.

6.5 Identificação do público

Vimos anteriormente que o bom orador fala a linguagem de seu público. O orador pode se deparar com três tipos de público: o público homogêneo, o público heterogêneo e o público incerto (Wanderbrook Junior, 2022).

Para identificar o tipo de público, é preciso reconhecer alguma característica relevante: a idade, o meio social, os interesses, as ideias. Essa característica deve estar relacionada à mensagem que o orador pretende passar. Caso seja possível visualizar uma característica comum, trata-se de um **público homogêneo**.

Por exemplo, em uma assembleia de trabalhadores que discutem as condições de trabalho, encontramos pessoas de diversas idades, religiões etc., mas com um interesse comum. Assim, existe homogeneidade nesse quesito. Ou, ainda, um religioso que fale para um público composto por pessoas de diversas classes sociais e idades vai estar diante de homogeneidade quanto à fé.

Já o **público heterogêneo** não apresenta unidade aparente entre si. Wanderbrook Junior (2022, p. 268) afirma que se trata de "um público misturado, desigual e muito distinto para ser delimitado". Falar para esse tipo de público exige mais habilidades do orador, em especial porque é mais difícil conseguir a atenção.

Por fim, pode existir em determinado contexto um **público incerto**. Segundo Wanderbrook Junior (2022, p. 270), nesse caso se observa uma "situação mais sensível ao orador, [...] aquela na qual ele não faz ideia de quem seja seu público". Um exemplo é o público de uma *live*. Nesse caso, o orador deve prestar atenção à reação da plateia e ir construindo seu discurso conforme as reações.

O público a ser atingido afeta diretamente as estratégias do orador e pode ser presente ou ausente. Falar para um **público presente** é mais desafiador, pois o orador está diante da plateia com proximidade, mas também é mais fácil identificar o efeito do discurso. Por exemplo, em uma assembleia, em um congresso, em uma tribuna, em festas e eventos e em palestras, trata-se de um público presente. O **público ausente**, por sua vez, é mais distante do orador, como em entrevistas, mídias sociais, rádio e debates. O grande desafio, nesse caso, está justamente na falta de proximidade entre o orador e os ouvintes, o que dificulta a avaliação da reação à mensagem.

6.6 Como melhorar a oratória

Aprimorar a oratória requer tempo, prática e esforço contínuo, ou seja, além do estudo, você precisa dedicar um tempo para preparar discursos ou apresentações, bem como para dominar os fundamentos da oratória.

O primeiro passo é justamente entender as técnicas básicas da oratória, como postura, gestos, tom de voz e fala clara e em voz alta. Você pode estudar temas de sua preferência e expor o estudo feito. Para isso, escreva um rascunho, identifique os pontos principais e pratique a apresentação várias vezes em voz alta. Isso ajuda a construir confiança e permite que você se familiarize com seu discurso.

Outra forma de se preparar é gravar sua fala. Use seu aparelho celular ou outro dispositivo para gravar sua apresentação. Observe a maneira como você articula as palavras, a entonação e a velocidade da fala, identificando pontos de melhoria e corrigindo erros.

Participar de grupos de discussão ou clubes de debate também pode ajudar a praticar habilidades de oratória em um ambiente seguro e acolhedor. Você ainda pode solicitar *feedback* de outras pessoas que estão desenvolvendo suas habilidades de oratória.

Assistir a palestras de pessoas bem-sucedidas em seus campos é outro meio de aprender técnicas de oratória. Observe como essas pessoas se movem, se posicionam, gesticulam e enfatizam determinadas palavras ou ideias.

Quando se deparar com a necessidade de utilizar seus conhecimentos, lembre-se dos seguintes pontos:

- » Saiba para quem está falando: conheça a audiência, seus desejos, suas necessidades e seus interesses. Ajuste a fala de acordo com o público, com exemplos relevantes e linguagem adequada.
- » Mantenha a calma e a confiança: ao falar em público, é normal sentir nervosismo. Mantenha a calma e a confiança respirando profundamente, controlando a voz e os gestos.
- » Seja persuasivo: use histórias, exemplos e estatísticas para apoiar os argumentos. Seja convincente ao transmitir a mensagem.
- » Ouça o *feedback*: solicite *feedback* ou grave suas apresentações. Analise os retornos recebidos e trabalhe nos pontos que precisam de aprimoramento.
- » Mantenha o foco: concentre-se na mensagem principal, evite distrações e mantenha-se conectado com o público.

Lembre-se de que a oratória é uma habilidade que pode ser aprimorada com o tempo e a prática, como já mencionamos. Com dedicação e esforço, é possível tornar-se um orador mais confiante e persuasivo.

PARA SABER MAIS

Recomendamos a leitura deste *best-seller* sobre falar em público:

CARNEGIE, D. **Como falar em público e encantar as pessoas**. Rio de Janeiro: Sextante, 2020.

Síntese

Neste sexto capítulo, abordamos os atributos do orador. Vimos que o medo de falar em público é comum e pode ter diversas origens, como o medo de ser julgado, de esquecer o que precisa ser dito ou de ser o centro das atenções. Existem estratégias para superar esse medo, e algumas foram indicadas no decorrer do capítulo.

Em seguida, tratamos da importância da fala na oratória e na comunicação em geral. Destacamos aspectos como tom de voz, ritmo, pausas, postura e variação no vocabulário como elementos cruciais para transmitir efetivamente uma mensagem. O uso correto do vocabulário, por sua vez, garante clareza e precisão e evita mal-entendidos.

Vimos que a voz é uma ferramenta poderosa, capaz de transmitir emoções e manter o interesse da audiência. A respiração adequada e a variação na velocidade e no volume da fala foram descritas como elementos importantes para uma comunicação eficaz. Por fim, enfocamos a boa dicção, essencial para uma pronúncia clara e compreensível.

Além desses aspectos, dedicamo-nos ao estudo da expressão corporal e da aparência. Vimos que a roupa adequada pode influenciar o comportamento e a autoestima, além de aumentar as chances de sucesso ao comunicar uma mensagem, tanto pela imagem transmitida à plateia quanto pela autoconfiança do orador.

Entre os atributos do orador, outro aspecto abordado neste capítulo, ressaltamos a necessidade de identificação do público, que pode ser homogêneo, heterogêneo ou incerto. Saber reconhecer e tratar corretamente a audiência aumenta as chances de sucesso do orador.

Por fim, apresentamos algumas orientações que podem contribuir para aprimorar a oratória.

QUESTÕES PARA REVISÃO

1) Desenvolver a autoconfiança para falar em público pode levar tempo e requer esforço, mas existem várias estratégias que podem ajudar nesse processo. Sobre o tema, analise as assertivas a seguir e assinale V para verdadeiro e F para falso:

( ) Para combater o nervosismo, é importante que o orador conheça bem o assunto sobre o qual vai falar.

( ) Para combater o nervosismo, o orador deve decorar a fala, evitando erros.

( ) Ensaiar a fala e familiarizar-se com a ordem das informações ajuda o orador a se sentir mais à vontade.

Agora, assinale a alternativa que apresenta a sequência correta:

a. V, V, V.

b. V, F, V.

c. F, V, F.

d. V, F, F.

e. F, F, F.

2) Para combater o medo de falar em público, o orador não deve se deixar levar por pensamentos negativos. É importante que se imagine tendo sucesso e tenha confiança em si mesmo. O orador pode adotar as seguintes estratégias:

I. Levar um roteiro escrito como apoio.

II. Iniciar falando devagar e com volume de voz mais baixo até se sentir mais confiante.

III. Manter a postura ereta.

IV. Improvisar como se estivesse em uma conversa informal.

É correto apenas o que se afirma em:

a. I, II e III.
b. II e III.
c. I e II.
d. I e III.
e. I, II, III e IV.

3) O uso correto do vocabulário é de extrema importância na oratória e na comunicação em geral, pois garante que as informações sejam compreendidas pela audiência. A esse respeito, assinale a alternativa correta:

a. O vocabulário tem menos relevância que o tom de voz para imprimir emoção. Algumas palavras, por si mesmas, não carregam mais emoções que outras.

b. O vocabulário deve ser compatível com as ideias que se quer passar, independentemente do público-alvo.

c. O vocabulário pode ser melhorado com a utilização de palavras mais rebuscadas. O orador que fala de forma prolixa transmite mais confiança, pois demonstra maior conhecimento do assunto.

d. É admissível que o orador se expresse de maneira desleixada, com o uso de chavões, desde que o público assim o exija.

e. Se uma palavra for usada erroneamente, pode haver mal-entendidos por parte da audiência, o que pode prejudicar o efeito da apresentação.

4) Leia o texto a seguir:

A linguagem corporal pode ser caracterizada de diversas formas, como, por exemplo, a negativa e a de autoconfiança. Outra maneira de definir os diferentes tipos de comunicação não verbal é a partir de uma **abordagem mais técnica**. Nesse caso, existem cinco categorias principais:

» **Cinésica**: que são os movimentos, gestos e expressões corporais
» **Proxêmica**: que é a maneira como se utiliza a área física de um espaço
» **Tacêsica**: que analisa o tato, o toque, como um aperto de mão, por exemplo
» **Paralinguagem**: que analisa mudanças no tom de voz
» **Características físicas**: que leva em conta a forma do corpo e a aparência

Fonte: FIA Business School, 2023, grifo do original.

Explique como o tom de voz pode influenciar na transmissão e na recepção de uma mensagem.

5) Descreva o público homogêneo, o público heterogêneo e o público incerto, apresentando ao menos um exemplo de cada categoria.

Questão para reflexão

1) Existem algumas formas de melhorar a autoconfiança a fim de combater o medo de falar em público. Uma pessoa adequadamente vestida tem mais chances de não ter medo diante do público? Por quê?

VII

Oratória na resolução de conflitos

Conteúdos do capítulo:

» Contribuições da oratória para a resolução de conflitos.
» Comunicação construtiva.
» Atitude de acolhimento.
» Escuta ativa.
» Perguntas sem julgamento.
» Reciprocidade escuta-fala.
» Prioridade à questão relacional.
» Validação de sentimentos com empatia.
» Reformulação de mensagens agressivas.

Após o estudo deste capítulo, você será capaz de:

1. compreender de que maneira a oratória pode contribuir para a resolução de conflitos;
2. aplicar técnicas para aumentar competências e habilidades interpessoais relacionadas à oratória;
3. utilizar a comunicação construtiva para a resolução de conflitos.

Neste último capítulo, abordaremos a oratória em seu uso no campo da negociação, da conciliação e da mediação de conflitos, para a comunicação eficaz em situações conflituosas.

Em um primeiro momento, veremos que a oratória tem um papel instrumental na mediação de conflitos, pois ajuda o mediador a transmitir as informações e a persuadir as partes, promovendo uma solução justa e amigável.

Em seguida, trataremos do tema da comunicação construtiva. Descreveremos as sete competências e habilidades interpessoais voltadas para mudanças: atitude de acolhimento; escuta ativa; perguntas sem julgamento; reciprocidade escuta-fala; prioridade à questão relacional; validação de sentimentos com empatia; reformulação de mensagens agressivas.

Desse modo, buscaremos mostrar como as habilidades comunicativas da oratória podem auxiliar profissionais na mediação e conciliação de conflitos.

7.1 Contribuições da oratória para a resolução de conflitos

A **mediação** é um processo voluntário no qual um terceiro imparcial, chamado *mediador*, ajuda as partes em conflito a chegar a um acordo. O mediador não toma decisões, mas atua como um facilitador, para as partes se comunicarem de forma construtiva, identificarem necessidades e interesses e explorarem opções de resolução. O objetivo é alcançar um acordo mutuamente aceitável, no qual as partes tenham controle sobre a solução do conflito.

A **conciliação**, por sua vez, é um método de resolução de conflitos no qual um terceiro imparcial, chamado *conciliador*, facilita a comunicação e a negociação. O conciliador busca identificar interesses comuns e encontrar soluções que atendam aos interesses de ambas as partes. O objetivo é alcançar um acordo mutuamente satisfatório, evitando a necessidade de instaurar um processo judicial formal.

Tanto a conciliação quanto a mediação são métodos alternativos de resolução de conflitos e oferecem uma abordagem mais colaborativa e participativa do que a litigação tradicional. Nesse contexto, a oratória tem um papel instrumental de facilitar a transmissão de informações e persuadir as partes, promovendo o encontro de uma solução justa e amigável.

Dessa forma, a oratória é uma habilidade crucial para o mediador/conciliador, porque ele precisa se comunicar de forma clara e eficaz com as partes, garantindo que cada uma seja ouvida de maneira justa e equitativa. Assim, podem ser encontradas soluções que levem em consideração preocupações e interesses de todas as partes.

A boa oratória pode tornar o mediador/conciliador mais confiante e respeitado, facilitando a obtenção da confiança das partes, o que aumenta as chances de sucesso na resolução de conflitos. Além disso, ajuda a transmitir ideias, manter o foco na resolução saudável dos problemas e persuadir as pessoas a aceitar um acordo justo.

Para utilizar a oratória adequadamente na resolução de conflitos, convém atentar aos pontos indicados no quadro a seguir.

Quadro 7.1 – Aspectos relevantes da oratória na resolução de conflitos

Aspecto	Descrição
Clareza na comunicação	O mediador/conciliador eficaz é capaz de se comunicar claramente com todas as partes. A oratória pode ajudar na expressão de ideias de maneira concisa, evitando ambiguidade e confusão.
Empatia e compreensão	O mediador/conciliador deve ser capaz de se colocar no lugar das partes envolvidas para entender necessidades, desejos e sentimentos. A habilidade de ouvir atentamente, ler as expressões corporais dos envolvidos e trans-mitir uma atitude empática pode ajudar a criar um ambiente propício para a resolução cons-trutiva de conflitos.
Feedback construtivo	A oratória é uma ferramenta importante para o fornecimento de *feedback* construtivo e eficaz. O mediador/conciliador empenhado pode melhorar a comunicação e a compreensão do conflito, combinando habilidades de solo e de escuta com *feedback* positivo e encorajador.
Neutralidade	A neutralidade é necessária para manter a imparcialidade durante todo o processo de resolução de conflitos. Manter todas as partes envolvidas engajadas na discussão e aumentar a colaboração é fundamental para alcançar uma solução justa e respeitosa.

Na oratória, habilidades de solo na oratória se referem às habilidades e técnicas que um orador utiliza ao falar em público de forma individual, ou seja, quando está no centro do palco e é o único a falar. Essas habilidades são essenciais para transmitir a mensagem de maneira eficaz e cativar a audiência.

Logo, um orador persuasivo pode moldar a conversa de maneira positiva, mantendo as partes focadas em objetivos comuns e em possíveis soluções para o conflito.

7.2 Comunicação construtiva

A grande dificuldade na mediação de situações conflituosas está na atitude das partes em conflito, que costumam estar "contaminadas" pelo problema e não conseguem ver a situação do ponto de vista do outro. Assim, os conflitos estão permeados de prejulgamentos e, até mesmo, de desejo de vingança.

Nesse cenário, o papel do mediador é "facilitar a experimentação de procedimentos inspirados na compreensão das questões, interesses, sentimentos e necessidades comuns e contraditórias, para soluções de ganhos mútuos" (Vasconcelos, 2023, p. 155)

A comunicação construtiva, portanto, visa promover entendimento, respeito e cooperação entre as pessoas. É caracterizada por uma abordagem positiva, clara e empática, que busca resolver conflitos, construir relacionamentos saudáveis e alcançar resultados mutuamente benéficos.

Nessa esteira, Vasconcelos (2023, p. 158) relaciona sete competências e habilidades interpessoais e apresenta técnicas para a promoção de mudanças. São aspectos que contribuem para a concretização de uma ética de tolerância, de respeito à diferença e de responsabilidade na promoção da cultura de paz, concorrendo para o desenvolvimento sustentável da comunidade e da civilização. São estas as referidas competências e habilidades:

1. atitude de acolhimento;
2. escuta ativa;

3. reciprocidade escuta-fala;
4. perguntas sem julgamento;
5. prioridade à questão relacional;
6. validação de sentimentos com empatia;
7. reformulação de mensagens agressivas.

A seguir, veremos cada uma delas com mais detalhes.

7.2.1 Atitude de acolhimento

A atitude de acolhimento desempenha um papel fundamental na resolução de conflitos. Refere-se a um conjunto de posturas e comportamentos que demonstram empatia, respeito e abertura para as partes envolvidas no conflito.

Acolher as partes significa criar um espaço no qual se sintam encorajadas a se expressar livremente. Isso facilita uma comunicação aberta e efetiva, permitindo que sejam compartilhadas perspectivas, necessidades e expectativas de maneira construtiva.

Assim, tais atitudes podem ser singelas, mas são importantes para oferecer um ambiente mais amigável. Citamos como exemplos de atitudes de acolhimento o oferecimento de um copo de água, café ou suco, a realização de um comentário que descontraia, a instauração de um ambiente arejado, entre outros.

Além disso, é importante a utilização de uma linguagem positiva, capaz de gerar empatia. O silêncio respeitoso, quando necessário, também faz parte do acolhimento, já que as pessoas querem ser ouvidas ao expor razões e pontos de vista. Quando as pessoas se sentem ouvidas, respeitadas e compreendidas, estão mais dispostas a expressar interesses, preocupações e emoções de forma aberta e honesta.

O acolhimento capacita as partes a assumir a responsabilidade pela resolução do conflito. Em vez de impor soluções, o mediador/conciliador incentiva a busca pelas próprias soluções e o trabalho conjunto para um acordo, promovendo um senso de autonomia e propriedade do processo.

Desse modo, é possível reduzir a hostilidade e os ressentimentos. Ao criar um ambiente de respeito mútuo, as tensões emocionais diminuem e são criadas condições favoráveis para que as partes se concentrem na busca de soluções em vez de se envolverem em ataques pessoais.

Por fim, as atitudes de acolhimento na resolução de conflitos estão intimamente ligadas à criação de acordos duradouros e satisfatórios, que atendam a necessidades e interesses de forma equitativa, aumentando a probabilidade de que os acordos sejam respeitados e implementados no longo prazo.

Linguagem apreciativa na atitude de acolhimento

Na atitude de acolhimento, além das técnicas de afago (café, água, ambiente acolhedor), é necessário empregar uma linguagem apreciativa, ou seja, uma linguagem com conotação positiva. Conforme nos ensina Vasconcelos (2023, p. 160),

> Essa linguagem apreciativa substitui expressões que contêm negatividade por vocábulos mais produtivos e amenos como referir a diálogo, em vez de dizer discussão; desafiador, em vez de dizer difícil; complexo, em vez de dizer complicado; questão, em vez de dizer desentendimento ou problema.

São exemplos de frases que podem ser utilizadas:

» Estou gostando do modo como avançamos nesta questão.
» Estou confiante de que podemos encontrar uma solução que atenda às necessidades de todos.

» Vocês demonstraram habilidades notáveis na comunicação até agora.
» Achei muito interessante o modo como vocês cuidaram disso.
» É um prazer participar com vocês deste momento de colaboração.
» Parabéns pelos resultados que alcançaram.

Ao utilizar a linguagem apreciativa, o mediador/conciliador deve ser autêntico e genuíno. Essa linguagem não deve ser empregada como uma mera técnica, mas como uma forma de promover compreensão, empatia e colaboração entre as partes. Nesse contexto, é possível criar um clima positivo e construtivo, facilitando a resolução do conflito de maneira satisfatória para todas as partes envolvidas.

Normalização na atitude de acolhimento

A normalização cria um ambiente seguro e acolhedor no qual as partes se sentem à vontade para expressar sentimentos, necessidades e preocupações. Quando as partes percebem que suas questões são aceitas como normais, tornam-se mais dispostas a se envolver no processo e a colaborar para a resolução do conflito.

Portanto, a normalização diz respeito ao sentimento de que aquele é um lugar acolhedor e seguro. Esse sentimento vai diluindo o desconforto ou constrangimento das partes, que podem inicialmente se sentir ameaçadas, constrangidas, na defensiva.

Ou seja, a atenção é direcionada para a busca de soluções em vez de se colocar a culpa nas partes envolvidas, desbloqueando a energia que seria gasta em acusações e ressentimentos.

Silêncio respeitoso na atitude de acolhimento

O silêncio respeitoso é uma prática que envolve o uso estratégico do silêncio durante o processo de resolução de conflitos. Embora possa parecer contraintuitivo, o silêncio respeitoso facilita a comunicação eficaz, a reflexão e a compreensão mútua.

Dessa forma, as partes envolvidas têm tempo para refletir sobre o que foi dito, processar informações e avaliar as próprias emoções e perspectivas. Isso ajuda a evitar respostas impulsivas ou reativas e encoraja uma abordagem mais ponderada e consciente na resolução do conflito.

Em vez de interromper ou preencher o espaço com palavras desnecessárias, o mediador/conciliador pode optar por permanecer em silêncio, demonstrando que está genuinamente interessado em ouvir e dando às partes a oportunidade de se expressarem plenamente.

O silêncio respeitoso dá destaque à importância da escuta ativa. Ao permitir que as partes se expressem sem interrupções, o mediador/conciliador demonstra respeito e interesse, promovendo um ambiente de confiança e abertura.

Ele também pode incentivar as partes a fazer uma autorreflexão, examinando motivações, necessidades e expectativas em relação ao conflito. Além disso, o espaço silencioso oferece a oportunidade de cada parte avaliar suas responsabilidades e contribuições para o conflito, bem como explorar possíveis soluções de forma mais profunda.

7.2.2 Escuta ativa

O objetivo do mediador/conciliador é fornecer um ambiente seguro e equilibrado no qual as partes possam discutir suas questões de forma aberta e construtiva e encontrar soluções. Ele não toma decisões ou força um resultado específico, mas facilita a negociação e encoraja as partes a trabalhar juntas para chegar a um acordo construtivo e duradouro.

Por isso, a escuta ativa é uma habilidade importante na resolução de conflitos, pois permite ao mediador/conciliador reconhecer necessidades e perspectivas de todas as partes envolvidas na discussão.

Nesse cenário, a oratória e a escuta ativa se conectam para uma comunicação efetiva e devem ser aplicadas conjuntamente para maximizar os resultados. Ao reunir essas habilidades, é possível promover uma troca de informações mais rica e satisfatória.

Técnicas de escuta ativa

O bom orador pode se utilizar da escuta ativa na resolução de conflitos. Para tanto, deve agir de acordo com as diretrizes apresentadas no quadro a seguir.

Quadro 7.2 – Orientações para a escuta ativa

Diretriz	Descrição
Concretizar o entendimento.	Capacidade de compreender os problemas substanciais que cada uma das partes está apresentando.
Pedir confirmação.	Capacidade de assegurar-se de que as informações foram compreendidas corretamente. Deve-se confirmar o entendimento e, ao mesmo tempo, promover a comunicação clara e precisa.
Demonstrar respeito.	Capacidade de demonstrar respeito às perspectivas e às preocupações de cada parte.
Encorajar a discussão.	Capacidade de incentivar uma boa discussão para aumentar o sentimento de respeito e colaboração entre as partes.
Construir confiança.	Capacidade para ajudar a construir confiança e relacionamentos colaborativos entre as partes.
Construir relacionamentos.	Juntamente com a oratória, capacidade de construir relacionamentos mais fortes com o público. Comunicar-se de maneira clara e assertiva e mostrar empatia e consideração pelos sentimentos das pessoas.
Promover a negociação.	Capacidade de ajudar as partes envolvidas a se enquadrarem na negociação. Ajudar a identificar conflitos ou disputas de interesse, incentivando uma negociação criativa para alcançar uma resolução de conflito mutuamente benéfica.

A escuta ativa é uma ferramenta poderosa para estabelecer confiança, compreender as preocupações das partes, suscitar a empatia, evitar mal-entendidos e buscar soluções que atendam aos interesses subjacentes.

A aplicação combinada de oratória e escuta ativa pode, ainda, promover uma comunicação positiva e colaborativa, considerando necessidades e preocupações das pessoas e fornecendo informações claras e eficazes que estimulem a confiança, a colaboração e a solução das questões levantadas.

7.2.3 Reciprocidade escuta-fala

A reciprocidade entre escuta e fala implica um equilíbrio saudável entre ouvir ativamente as partes envolvidas e expressar de forma clara e respeitosa as próprias opiniões e necessidades.

Trata-se, portanto, de uma técnica de comunicação que visa criar um ambiente de diálogo mais produtivo e efetivo. A reciprocidade representa a troca ou o equilíbrio que deve existir no processo de comunicação, alternando-se os papéis de falante e ouvinte. Ou seja, a pessoa que está falando deve expressar suas ideias e opiniões livremente, enquanto a outra pessoa deve ouvir atentamente, sem julgamentos ou interrupções.

Todas as partes envolvidas precisam ter a oportunidade de se expressarem e de serem ouvidas. Isso ajuda a equilibrar o poder na dinâmica do conflito, evitando que uma parte se sobressaia ou seja negligenciada.

Além disso, essa técnica promove a empatia, visto que as partes envolvidas no conflito podem se colocar no lugar umas das outras, identificando interesses comuns e explorando soluções mutuamente aceitáveis.

A reciprocidade escuta-fala e a oratória se complementam na resolução de conflitos. O mediador/conciliador pode usar suas habilidades de oratória para articular as questões discutidas, resumir pontos de acordo e propor opções de resolução de forma clara e persuasiva.

7.2.4 Perguntas sem julgamento

As perguntas desempenham um papel fundamental na resolução de conflitos, pois permitem que o mediador/conciliador identifique interesses e preocupações dos envolvidos, esclareça informações e guie as partes para uma solução mutuamente aceitável.

Assim, oratória e perguntas estão intimamente relacionadas, pois estas cumprem uma função vital para o orador na oferta de uma estrutura para a comunicação, assim como para o público no entendimento do discurso.

No quadro a seguir, podemos verificar de que forma essas duas habilidades se relacionam.

Quadro 7.3 – Relação entre oratória e perguntas sem julgamento

Aspecto da oratória	Relação com perguntas sem julgamento
Preparação do discurso	A oratória requer conhecimento, pesquisa e preparação para garantir que as informações sejam apresentadas de maneira clara e concisa. As perguntas são uma ferramenta útil para ajudar na organização das informações e definir o escopo do assunto tratado.
Envolvimento do público	As perguntas também permitem que o orador envolva o público e incentive a participação dos ouvintes na conversa, promovendo uma comunicação mais enriquecedora e colaborativa.
Clareza na comunicação	O uso de perguntas pode ajudar o orador a se comunicar claramente, garantindo que o público entenda adequadamente o que está sendo dito. Ao fazer perguntas, o orador pode negar dúvidas ou suposições do público e aumentar a compreensão sobre o tema.
Feedback do público	As perguntas oferecem uma ferramenta útil para os oradores receberem *feedback* e avaliarem a compreensão do público quanto ao tema abordado. O *feedback* ainda pode ajudar o orador a esclarecer informações e melhorar a apresentação.
Conclusão do discurso	As perguntas permitem que o orador resuma argumentos e ideias apresentados no discurso, reforçando as principais mensagens, destacando uma nova perspectiva ou conectando as ideias.

Sobre perguntas sem julgamento na resolução de conflitos, ressaltamos a lição de Vasconcelos (2023, p. 165):

> Primeiro escute, depois pergunte, sem prévio juízo de valor. Em vez de aconselhar, pergunte. Perguntas apropriadas apoiam e complementam o processo de escuta e reconhecimento. Perguntar esclarece, sem ofender. A pergunta nos protege da pressa em julgar o outro ou da nossa mania de dar conselhos. Por meio da pergunta você ajuda a outra pessoa a narrar e a melhor interpretar o próprio sentimento. Nesse sentido, as perguntas ajudam a esclarecer, contextualizar, refletir, capacitar, compreender.

Assim, para quem necessita conciliar uma situação de conflito, as perguntas são substancialmente de esclarecimento (para obter detalhamento) ou de contextualização (para provocar reflexão). Inicialmente, as perguntas ajudam na identificação de posições, questões, sentimentos e interesses. Posteriormente, podem estar voltadas para a geração de valor, a criação de opções e a pesquisa dos critérios objetivos a serem considerados para a solução da controvérsia.

Na oratória, podem oferecer uma estrutura para o discurso, ajudar a envolver o público, aumentar a compreensão, fornecer *feedback* e concluir o discurso com êxito.

7.2.5 Prioridade à questão relacional

Muitas vezes, os conflitos surgem de falhas na comunicação ou de problemas relacionais. São frequentemente acompanhados de emoções intensas, como raiva, frustração, tristeza ou medo. Reconhecer e abordar essas emoções ajuda a reduzir a tensão emocional e a criar um ambiente propício para a resolução do conflito. Ou seja, dar prioridade à questão relacional significa reconhecer a importância de lidar com esses sentimentos para construir e manter relacionamentos saudáveis e harmoniosos.

Assim, as partes em conflito podem reconstruir a comunicação efetiva, fortalecendo a compreensão e a confiança mútuas. Em vez de se concentrar apenas nas questões tangíveis e objetivas em disputa, o foco relacional considera as dinâmicas interpessoais, as emoções e as necessidades de relacionamento subjacentes ao conflito.

Para isso, o mediador/conciliador deve estar atento à maneira como as partes se comunicam e aos padrões de comportamento que podem estar prejudicando o diálogo. Deve incentivar a empatia, a escuta ativa, o respeito mútuo e a busca por soluções colaborativas, criando um ambiente de confiança e de diálogo franco, no qual as partes possam se expressar de forma mais clara e objetiva, sem receios ou defesas.

Nesse contexto, é possível chegar a um acordo mais justo e duradouro, que vá além da resolução do conflito em si e possa ajudar a construir uma relação mais positiva e saudável entre as partes no futuro.

7.2.6 Validação de sentimentos com empatia

A empatia envolve colocar-se no lugar do outro, reconhecendo e compreendendo seus sentimentos. A validação de sentimentos com empatia é uma habilidade muito importante nas interações interpessoais. Quando validamos os sentimentos das pessoas, estamos reconhecendo a importância de suas emoções.

Ao validar os sentimentos das partes envolvidas, o mediador/conciliador demonstra empatia e compreensão, criando um ambiente seguro e encorajador para as pessoas se expressarem.

Isso possibilita a criação de um terreno comum entre as partes envolvidas, facilitando a resolução do conflito.

Constroem-se, assim, pontes de comunicação para um diálogo mais colaborativo. A oratória eficaz do mediador/conciliador desempenha um papel importante ao facilitar esse processo, garantindo que todos tenham a oportunidade de se expressarem e serem ouvidos.

7.2.7 Reformulação de mensagens agressivas

A reformulação de mensagens agressivas é uma técnica que visa transformar a linguagem agressiva ou ofensiva em uma comunicação mais construtiva e respeitosa. Essa prática é importante para promover a empatia, melhorar a compreensão mútua e facilitar a busca de soluções colaborativas.

Tal reformulação pode ser um desafio, mas é uma habilidade importante para melhorar a comunicação e evitar conflitos. Segundo Vasconcelos (2023, p. 177), "a validação dos sentimentos de quem fala de modo agressivo pode ser sequenciada por uma reformulação, a critério do mediador, com vistas à recontextualização, reenquadre ou ressignificação de determinadas afirmações".

Para aplicar essa ferramenta como mediador/conciliador, convém seguir estes passos:

» Ouça atentamente a mensagem agressiva, sem interromper ou julgar.
» Demonstre empatia e mostre que você está disposto a compreender os sentimentos e as preocupações expressos.
» Tente identificar as emoções subjacentes à mensagem agressiva. Muitas vezes, é uma expressão de raiva, medo, frustração ou outras emoções negativas.

» Valide essas emoções, reconhecendo-as e demonstrando compreensão em relação aos sentimentos da pessoa.

» Depois de ouvir atentamente e identificar as emoções subjacentes, reformule a mensagem agressiva de maneira mais construtiva. Use uma linguagem neutra e não acusatória para refletir a essência da mensagem, focando as necessidades e preocupações subjacentes.

A reformulação de mensagens agressivas na resolução de conflitos requer sensibilidade e habilidade de comunicação. O mediador/conciliador deve se manter imparcial e neutro durante o processo, buscando facilitar a comunicação e a resolução do conflito de forma equitativa.

PARA SABER MAIS

Sobre a emoção na resolução de conflitos, indicamos este livro:

FISCHER, R.; SHAPIRO, D. **Além da razão**: a força da emoção na solução de conflitos. Rio de Janeiro: Alta Books, 2019.

SÍNTESE

Neste sétimo e último capítulo, vimos a importância do desenvolvimento das habilidades comunicativas para o mediador, e a oratória, nesse ponto, vem mais uma vez ajudar o profissional a se comunicar de maneira precisa nas situações de conflito.

Isso porque a oratória é uma habilidade que permite comunicar-se de forma clara e eficaz, garantindo que cada parte seja ouvida de maneira justa e equitativa, em busca de soluções que levem em conta preocupações e interesses de todas as partes, o que aumenta as chances de sucesso na resolução de conflitos.

Entre as principais ferramentas que podem ser utilizadas pelo orador na resolução de conflitos, ressaltamos a comunicação construtiva, um estilo de comunicação que visa promover entendimento, respeito e cooperação entre as pessoas. As competências relacionadas à comunicação construtiva devem ser desenvolvidas por todos os oradores que pretendem atuar na resolução de conflitos e, claro, por qualquer pessoa que queira melhorar as relações interpessoais e evitar desgastes.

QUESTÕES PARA REVISÃO

1) A comunicação construtiva é um estilo de comunicação que visa promover entendimento, respeito e cooperação entre as pessoas. Sobre as ferramentas da comunicação construtiva, assinale V para verdadeiro e F para falso:

( ) Atitudes de acolhimento dizem respeito a abraços e cumprimentos efusivos.

( ) O silêncio respeitoso só deve ser utilizado em conflitos impessoais. Implica um equilíbrio saudável entre ouvir ativamente as partes envolvidas e expressar de forma clara e respeitosa as próprias opiniões e necessidades.

( ) A escuta ativa é a capacidade de compreender os problemas substanciais que cada uma das partes envolvidas na discussão está apresentando.

Agora, assinale a alternativa que apresenta a sequência correta:

a. F, V, V.

b. V, F, V.

c. F, F, V.

d. F, F, F.

e. V, V, V.

2) Esta uma ferramenta de comunicação construtiva que ajuda o mediador/conciliador a identificar preocupações e necessidades das partes, demonstrando empatia e compreensão. Garante a criação de empatia, já que permite que as partes envolvidas no conflito se coloquem no lugar umas das outras.

Marque a alternativa que aponta a ferramenta descrita anteriormente:

a. Perguntas sem julgamento.
b. Validação de sentimento com empatia.
c. Reciprocidade escuta-fala.
d. Reformulação de mensagens agressivas.
e. Linguagem positiva.

3) O bom orador pode se utilizar da escuta ativa na mediação de conflitos. A esse respeito, analise as assertivas a seguir:

I. Incentivar uma boa discussão para aumentar o sentimento de respeito e colaboração entre as partes pode ser algo concretamente obtido por meio da escuta ativa.

II. A escuta ativa pode construir confiança e relacionamentos colaborativos entre as partes envolvidas na discussão.

III. Pode-se usar a escuta ativa para ajudar as partes a identificar conflitos ou disputas de interesse, incentivando uma negociação criativa para alcançar uma resolução de conflito mutuamente benéfica.

É correto apenas o que se afirma em:

a. I e II.
b. II e III.
c. I e III.
d. I, II e III.
e. III.

4) Analise as frases a seguir e reescreva-as utilizando técnicas de reformulação de mensagens agressivas:

a. "Você é um mentiroso! Não posso confiar em você!"
b. "Você não sabe fazer nada direito! Eu mesmo vou fazer!"

5) A atitude de acolhimento supõe uma linguagem apreciativa. Explique de que forma ela deve ser utilizada e dê pelo menos um exemplo.

QUESTÃO PARA REFLEXÃO

1) Relacione razões e vantagens que você considera para a prática das habilidades comunicativas da escuta ativa e do silêncio respeitoso.

Nesta obra, abordamos a oratória como um conjunto de técnicas de comunicação, a fim de fornecer ao leitor diversos instrumentos não apenas para se comunicar melhor e falar bem em público, mas, especialmente, para evitar, resolver ou mediar conflitos.

Todos que necessitam falar em público precisam organizar seu discurso e seu raciocínio, além de aprender a lidar com as pessoas, seus anseios e a diversidade de pensamentos.

Levando em conta todas as competências necessárias ao bom orador, destacamos neste livro a importância e o poder da linguagem, principalmente porque muitas pessoas não sabem comunicar-se com eficácia. Antes de falar bem em público, é essencial compreender que a forma e o conteúdo da mensagem a ser transmitida impactam diretamente o sucesso do que se pretende comunicar. Assim, tratamos do tom de voz e da entonação, da aparência, da postura e da correta utilização da língua.

Enfocamos, também, diversos conceitos fundamentais para todos aqueles que pretendem fazer uso da oratória, tais como a retórica, a eloquência e a persuasão. Vimos detalhes importantes acerca do ofício do orador, como a boa aparência e a habilidade em comunicar, destacando que nem todos aqueles que interagem com o público são oradores.

Apresentamos, ainda, a evolução histórica da oratória, o que forneceu um panorama de como a oratória se desenvolveu em diversos locais do mundo, em um florescer de técnicas que foram sendo pensadas e utilizadas conforme a necessidade de cada sociedade. Passamos pela Grécia Antiga e chegamos aos dias atuais, mostrando que a ciência e a arte da oratória tiveram grande importância para a evolução da humanidade.

Para falar bem, é necessário saber organizar os pensamentos e os argumentos de maneira lógica. Por isso, abordamos a argumentação e algumas técnicas de redação. Antes de ser um bom orador, é preciso ser um escritor eficiente, isto é, saber elaborar um texto coeso, conciso, lógico, claro e organizado. Quem domina as técnicas de redação tem mais facilidade para desenvolver as competências linguísticas requeridas para falar em público, pois pensa e argumenta de forma mais eficiente.

Apresentamos também o roteiro de fala, o planejamento do discurso. Vimos que o projeto de um texto é muito semelhante ao projeto de um roteiro de fala.

Os discursos são estruturados com base em argumentos. Tendo em vista a importância dos argumentos em um discurso que se pretenda persuasivo, tratamos da argumentação e da contra-argumentação, destacando a classificação dos argumentos e a forma como é possível rebater argumentos e combater as falácias.

Nesse contexto, o orador é figura central e, assim, buscamos evidenciar os principais atributos de um bom orador. Vimos formas de combater o medo de falar em público, bem como aspectos relacionados à fala, à postura, à voz, à dicção, à expressão corporal e à personalidade do orador. Enfocamos também algumas técnicas para melhorar a oratória.

Por fim, relacionamos a oratória com a resolução de conflitos. Nesse sentido, a grande protagonista é a comunicação construtiva, um conjunto de técnicas e ferramentas comumente utilizadas por conciliadores e mediadores a fim de pacificar conflitos e fomentar acordos.

Em cada capítulo, apresentamos exercícios e reflexões sobre as técnicas ensinadas, a fim de que o leitor possa acompanhar sua evolução no estudo da oratória. Recomendamos, mais uma vez, que o orador pratique o máximo que puder, seja por meio da resolução de exercícios, seja na frente do espelho, seja no dia a dia, nas conversas cotidianas.

Apenas a prática é capaz de tornar um orador ordinário em um orador extraordinário.

AUXIER; B.; ANDERSON, M. Social Media Use in 2021. **Pew Research Center**, 7 Apr. 2021. Disponível em: <https://www.pewresearch.org/internet/2021/04/07/social-media-use-in-2021/>. Acesso em: 3 out. 2023.

BRIGAS entre vizinhos: como o síndico deve agir? **A Gazeta**, 2 dez. 2019. Disponível em: <https://www.agazeta.com.br/imoveis/brigas-entre-vizinhos-como-o-sindico-deve-agir-1219>. Acesso em: 29 ago. 2023.

CARNEGIE, D. **Como falar em público e influenciar pessoas no mundo dos negócios**. 63. ed. Rio de Janeiro: Record, 2019.

COSTA, T. S. R. da. Redação nota 1000. In: O GLOBO. **Leia redações nota 1000 do Enem 2018**. 19 mar. 2019. Disponível em: <https://oglobo.globo.com/brasil/educacao/enem-e-vestibular/leia-redacoes-nota-1000-do-enem-2018-23534071>. Acesso em: 2 out. 2023.

FALCÓN, R. O dever de educar-se. **Instituto borborema**, 29 nov. 2017. Disponível em: <https://www.youtube.com/watch?v=NmZuxxW0h2g&t=2210s>. Acesso em: 29 ago. 2023.

FIA BUSINESS SCHOOL. **Linguagem corporal**: o que é, importância, tipos e exemplos. 25 out. 2021. Disponível em: <https://fia.com.br/blog/linguagem-corporal/>. Acesso em: 29 ago. 2023.

FREGATTO, E. Cientistas afirmam que roupas alteram comportamento das pessoas. **Correio do Estado**, 2 mar. 2016. Disponível em: <https://correiodoestado.com.br/correio-b/cientistas-afirmam-que-roupas-alteram-comportamento-das-pessoas/272058/>. Acesso em: 29 ago. 2023.

GAZETA DO POVO. O reajuste dos ministros do Supremo. Editorial. 13 ago. 2022. Disponível em: <https://www.gazetadopovo.com.br/opiniao/editoriais/o-reajuste-dos-ministros-do-supremo/>. Acesso em: 2 out. 2023.

INAF – Indicador de Analfabetismo Funcional. **Alfabetismo no Brasil**. Disponível em: <https://alfabetismofuncional.org.br/alfabetismo-no-brasil/>. Acesso em: 29 ago. 2023.

MARINS, M. S. Elementos de coesão: tabela de conectivos. **Escrever é Praticar**. Disponível em: <https://escreverepraticar.com.br/tabela-conectivos/>. Acesso em: 2 out. 2023.

MEHRABIAN, A. **"Silent Messages"**: a Wealth of Information about Nonverbal Communication (Body Language). Disponível em: <http://www.kaaj.com/psych/smorder.html>. Acesso em: 3 out. 2023.

PERELMAN, C. **Retóricas**. Tradução de Maria Ermantina Galvão G. Pereira. São Paulo: M. Fontes, 1999.

POLITO, R.; POLITO, R. **29 minutos para falar bem em público**. Rio de Janeiro: Sextante, 2015.

POLITO, R. **Como falar corretamente e sem inibições**. São Paulo: Saraiva, 2016.

POLITO, R. **Oratória para advogados e estudantes de Direito**. São Paulo: Saraiva, 2015.

SCHOPENHAUER, A. **A arte de ter razão**: 38 estratagemas. Tradução de Milton Camargo Mota. Petrópolis: Vozes, 2018.

VASCONCELOS, C. E. D. **Mediação de conflitos e práticas restaurativas**. 8. ed. Rio de Janeiro: Grupo GEN, 2023.

WANDERBROOK JUNIOR, D. **Oratória para lideranças políticas**. Curitiba: InterSaberes, 2022.

WRIGHT, C. **Comunicação de massa**: uma perspectiva sociológica. Rio de Janeiro: Bloch, 1968.

Capítulo 1

Questões para revisão

1. b

2. d

3. c

4. A linguagem corporal é extremamente importante na transmissão da mensagem, pois pode ajudar a reforçá-la, complementá-la e torná-la mais eficaz. Se estiver em desacordo com as palavras ditas, pode gerar confusão ou tornar a mensagem menos convincente.

5. A empatia é uma característica importante da boa comunicação. As pessoas que se comunicam bem são capazes de colocar-se no lugar dos outros e compreender seus pontos de vista.

Capítulo 2

Questões para revisão

1. a

2. b

3. b

4. O argumento *ad verecundiam* consiste em argumentar com base na autoridade de alguém em vez de apresentar evidências ou argumentos.

5. Os sofistas eram professores na Grécia Antiga que ensinavam a retórica, a filosofia e outras habilidades práticas, como a política e a diplomacia. Não estavam preocupados com a verdade ou a moralidade de seus argumentos e eram bastante criticados por usar técnicas persuasivas para fins considerados egoístas.

Capítulo 3

Questões para revisão

1. c

2. a

3. d

4. Tema: Conflitos em condomínios.

Tese: O síndico deve ser um mediador.

Principal argumento: O síndico deve ser um mediador e propor uma solução.

5. Para melhorarmos a coesão de um texto, devemos usar conjunções, bem como determinadas palavras que permitam demonstrar a articulação de ideias.

Capítulo 4

Questões para revisão

1. b

2. a

3. d

4. Pedro deve utilizar o roteiro de fala aberto para a entrevista na TV e o roteiro de fala fechado para a palestra na faculdade. Na entrevista, ele estará diante de um público que não ficará apenas escutando seu discurso passivamente; assim, estará sujeito a interrupções, perguntas, questionamentos. Já em uma palestra, como regra geral, o orador não sofre interrupções.

5. É importante definir com precisão o objetivo do discurso, porque isso diz respeito ao que se pretende alcançar, à ideia se quer transmitir.

Capítulo 5

Questões para revisão

1. a

2. c

3. d

4. Contra-argumentos imediatos consistem em uma resposta imediata a um argumento anteriormente apresentado, em que o oponente contra-argumenta de forma persuasiva e concisa. São empregados em situações com pouco tempo para reflexão ou elaboração de uma resposta mais elaborada. Já os contra-argumentos remotos são elaborados e pensados em detalhes, apresentados após uma análise mais aprofundada do argumento original.

5. As duas formas de contra-argumentação são a ponderação e a contestação.

A ponderação argumentativa envolve a análise cuidadosa dos argumentos apresentados por ambas as partes de um debate. Em vez de simplesmente escolher um lado e refutar os argumentos opostos, o debatedor faz a análise de cada argumento individualmente, considerando seus méritos e pesando suas vantagens e desvantagens. Por exemplo, em um debate sobre a legalização da maconha, é possível que os argumentos a favor incluam a redução da violência relacionada às drogas, a arrecadação de receitas fiscais e a liberdade individual. Por outro lado, os argumentos contrários podem incluir preocupações com a saúde pública, o potencial aumento do abuso de drogas e a necessidade de manter a legalidade em relação às drogas.

A contestação argumentativa, por sua vez, envolve a apresentação de argumentos bem fundamentados com o objetivo de refutar ou enfraquecer a posição do oponente em uma discussão, um debate ou uma negociação. É possível contestar, de forma direta, a tese, os argumentos ou as premissas. Por exemplo, em um debate sobre a redução de impostos, uma pessoa pode argumentar que, se os impostos forem reduzidos, haverá uma redução no investimento governamental em programas essenciais, como saúde e educação. Nesse caso, uma contestação argumentativa adequada poderia ser a de que, na verdade, uma redução nos impostos pode incentivar o setor privado a investir mais em pesquisa e desenvolvimento, o que pode levar a benefícios para a economia.

Capítulo 6

Questões para revisão

1. b

2. a

3. e

4. O tom de voz pode influenciar na transmissão e na recepção de uma mensagem pois a voz remete à personalidade de quem fala. O tom de voz expressa emoção e pode ajudar a manter o interesse da audiência, transmitindo uma mensagem clara e expressiva.

5. Caso seja possível identificar uma característica comum, trata-se de um público homogêneo. Por exemplo, um religioso que fale para um público composto por pessoas de diversas classes sociais e idades vai estar diante de homogeneidade quanto à fé. Já o público heterogêneo não tem unidade aparente entre si, como em uma situação em que um orador se depare com um público disperso em um calçadão no centro da cidade. Por fim, o orador não tem como saber quem é o público incerto; é o que ocorre em uma *live* do YouTube, por exemplo, situação em que o orador não sabe quem está assistindo à sua apresentação.

Capítulo 7

Questões para revisão

1. c

2. c

3. d

4. a) "Sinto que houve uma falta de confiança em nossa comunicação. Podemos discutir como construir uma base sólida de confiança em nosso relacionamento?"

   b) "Posso ajudar você com isso? Sinto que posso contribuir de alguma forma para alcançarmos o resultado desejado."

5. A linguagem apreciativa é uma forma de se comunicar que enfatiza reconhecimento positivo, elogios e valorização de qualidades, esforços e conquistas das pessoas. Por exemplo: "Parabéns pelo excelente trabalho que você fez no projeto. Sua dedicação e atenção aos detalhes foram realmente impressionantes."

Karla Kariny Knihs é advogada, mestra e bacharela em Direito pelo Centro Universitário Internacional (Uninter). graduada em Letras também pelo Uninter. É professora de graduação e pós-graduação na área jurídica e coordenadora do Curso Preparatório Precedente para o Exame de Ordem. Há mais de dez anos ensina redação e oratória para alunos do curso de Direito.

sobre a autora

Os papéis utilizados neste livro, certificados por instituições ambientais competentes, são recicláveis, provenientes de fontes renováveis e, portanto, um meio responsável e natural de informação e conhecimento.

Impressão: Reproset